El Sha

Ryszard Kapuściński

El Sha

Traducción de Agata Orzeszek

EDITORIAL ANAGRAMA
BARCELONA

Título de la edición original:
Szachinszach
Czytelnik
Varsovia, 1982

Ilustración: el futuro sha a los veinte años / León y Sol, uno de los principales emblemas de Irán. Diseño de lookatcia

Primera edición: *1987*
Decimosexta edición: *febrero 2024*

Diseño de la colección: lookatcia.com

© De la traducción, Agata Orzeszek, 1987

© Herederos de Ryszard Kapuściński, 1982
Publicado por acuerdo con Harcourt Brace Jovanovich, Inc.

© EDITORIAL ANAGRAMA, S. A., 1987
Pau Claris, 172
08037 Barcelona

ISBN: 978-84-339-2252-6
Depósito legal: B. 21854-2023

Printed in Spain

Liberdúplex, S. L. U., ctra. BV 2249, km 7,4 - Polígono Torrentfondo
08791 Sant Llorenç d'Hortons

Cartas, caras, campos de flores

Querido Dios:
Me gustaría que no hubiese cosas malas.

DEBBIE,
Cartas de los niños a Dios, Ed. Pax, 1978

Todo se encuentra en un estado de gran desorden, como si la policía acabase de terminar un registro rápido y violento. Por todas partes hay periódicos desparramados, montones de periódicos locales y extranjeros, y suplementos extraordinarios, con grandes titulares que gritan a la vista

SE MARCHÓ

y grandes fotografías de una cara delgada y larga en la que se ve un concentrado esfuerzo por no mostrar ni los nervios ni la derrota; una cara con los rasgos tan ordenados que, prácticamente, ya nada expresa. Y al lado ejemplares de otros suplementos extraordinarios de fechas posteriores informan febril y triunfalmente de que

VOLVIÓ.

Más abajo, llenando el resto de la página, la fotografía de un rostro patriarcal, severa y fría, sin ningún deseo de expresar nada.

(Pero entre aquella salida y esta vuelta, ¡cuántas emociones, qué temperaturas tan altas, cuánta rabia y horror, cuántos incendios!)

A cada paso –en el suelo, en las sillas, en la mesa, en el escritorio– se acumulan cuartillas, trozos de papel, notas escritas a toda velocidad y de manera tan desordenada que tengo que tratar de recordar de donde he sacado la frase: «Os mentirá y prometerá pero no os dejéis engañar.» (¿Quién lo dijo? ¿Cuándo y a quién?)

O, por ejemplo, una nota enorme escrita con lápiz rojo: Llamar sin falta al 64-12-18 (pero ya ha pasado tanto tiempo que no recuerdo a quién pertenece este número de teléfono ni por qué en aquel entonces era tan importante llamar). Cartas sin acabar y sin enviar. Sí, mucho se podría hablar de lo que aquí he vivido y visto. Sin embargo, me es difícil ordenar mis impresiones...

El mayor desorden reina en la enorme mesa redonda: fotografías de distintos tamaños, casetes, películas de ocho milímetros, boletines, fotocopias de octavillas, todo amontonado, mezclado como en un mercado viejo, sin orden ni concierto. Además, pósters, álbumes, discos y libros, comprados o regalados por la gente, toda una documentación de un tiempo que acaba de transcurrir pero que todavía se puede ver y oír porque aquí ha sido fijado; en la película: ondulantes y tormentosos ríos de gente; en una casete: llantos de almuédanos, voces de mando, conversaciones, monólogos; en las fotos: caras en estado de exaltación, de éxtasis.

Ahora, ante la perspectiva de tener que ponerlo todo en orden (se acerca el día de mi marcha) me invade una gran desgana y un cansancio terrible. A decir verdad, cada vez que vivo en un hotel –cosa que me ocurre a menudo– me gusta que en la habitación reine el desorden, puesto que éste crea una sensación de vida, le da un aire de intimidad y de calor, es una prueba (aunque bastante engañosa) de que un lugar tan extraño y falto de ambiente como es la habitación de un hotel ha sido, por lo menos parcialmente, dominado y domado. Estoy en una habitación inmaculadamente limpia y me siento adormecido y solo; me hacen daño todas las líneas rectas, las aristas de los muebles, las superficies lisas de las paredes; me disgusta esa geometría rígida e indiferente, ese minucioso orden que existe por sí mismo, sin rastro alguno de nuestra presencia. Por suerte, al cabo de pocas horas y como consecuencia de mi quehacer (por otra parte, inconsciente, producto de la prisa o la pereza), todo el orden se difumina y desaparece, todos los objetos cobran vida, empiezan a deambular de un lado para otro, a entrar en configuraciones e interrelaciones nuevas, continuamente cambiantes; se crea un ambiente recargado y barroco y, de pronto, la atmósfera de la habitación se vuelve más cálida y familiar. Entonces puedo respirar hondo y empiezo a relajarme.

Pero, de momento, no puedo reunir fuerzas suficientes para mover nada de la habitación. Así que bajo al vacío y lúgubre vestíbulo donde cuatro hombres jóvenes toman el té y juegan a las cartas. Se entregan a un juego muy difícil, cuyas reglas no consigo comprender. No es el bridge ni el póquer, tampoco el black jack ni el remigio. Juegan con dos barajas a la vez, permanecen callados hasta que uno de ellos recoge todas las cartas con cara de contento. Al cabo de un rato vuelven a dar, colocan decenas de cartas sobre la mesa, piensan, calculan algo y, mientras calculan, se enzarzan en riñas.

Estas cuatro personas (el servicio de recepción) viven de mí. Yo las mantengo, porque en estos días soy el único huésped del hotel. Aparte de ellas también mantengo a las mujeres de la limpieza, a los cocineros, camareros, lavanderas, vigilantes y al jardinero, así como, creo, a algunas personas más y a sus familias. Con esto no quiero decir que si tardase en pagar, toda esta gente se moriría de hambre, pero, por si acaso, trato de saldar a tiempo mis cuentas.

Todavía hace pocos meses, conseguir una habitación era una hazaña, el gordo de la lotería. A pesar del gran número de hoteles, la demanda era tal que para alojarse los visitantes tenían que alquilar camas en clínicas privadas. Pero ahora se han acabado los negocios, el dinero fácil y las transacciones deslumbrantes; los hombres de negocios locales han escondido sus perspicaces cabezas y sus socios extranjeros se han esfumado dejándolo todo atrás. De repente se acabó el turismo, se congeló todo el tráfico internacional. Algunos hoteles han sido incendiados, otros están cerrados o permanecen vacíos, en otro los guerrilleros han instalado un acuartelamiento. Hoy la ciudad se ocupa de sí misma, no necesita de extraños, no necesita del mundo.

Los jugadores interrumpen la partida, me quieren invitar a un té. Aquí toman sólo té o yogur, no prueban ni el café ni el alcohol. Por beber alcohol se arriesga uno a recibir cuarenta latigazos, incluso sesenta, y si el castigo lo aplica un musculoso joven (y así suelen ser los que se prestan a usar el látigo) puede hacernos trizas la espalda. Así que estamos tomando nuestro té a sorbos y mirando hacia el otro lado del vestíbulo donde hay un televisor.

En la pantalla aparece la cara de Jomeini.

13

Jomeini, sentado en un sencillo sillón de madera colocado sobre una simple tarima de tablas, está pronunciando un discurso en un modesto (a juzgar por la altura de los edificios) barrio de Qom. Qom, ciudad pequeña, gris, chata y sin gracia, está situada a ciento cincuenta kilómetros al sur de Teherán, en una tierra desértica, agotadora, espantosamente calurosa. No parece que su clima infernal pueda favorecer en nada la reflexión y la contemplación y, sin embargo, Qom es la ciudad del fervor religioso, de la ortodoxia a ultranza, del misticismo y de la fe militante. Y en este villorrio existen quinientas mezquitas y los más grandes seminarios coránicos; aquí es donde discuten los entendidos en el Corán y los guardianes de la tradición, y donde se reúnen los ancianos ayatolás. Desde aquí Jomeini gobierna el país. Nunca abandona Qom, nunca va a la capital, en realidad, nunca va a ninguna parte; no visita nada ni a nadie. Antes vivía aquí con su mujer y sus cinco hijos, en una casa pequeña metida en una callejuela angosta, polvorienta y sin aire. Por en medio de la calzada sin empedrar pasaba una cloaca. Ahora se ha trasladado no lejos de donde vivía, a la casa de su hija porque ésta tiene un balcón que da a la calle; desde este balcón Jomeini se deja ver por las gentes cada vez que la multitud lo reclama (por lo general se trata de fervientes peregrinos que acuden a la ciudad santa para visitar sus mezquitas y, sobre todo, la tumba de la Inmaculada Fátima, hermana del octavo imán Reza, lugar prohibido a los infieles). Jomeini vive como un asceta, se alimenta de arroz, de yogur y de fruta, metido en una sola habitación de desnudas paredes, sin un mueble. Sólo una yacija en el suelo y un montón de libros. También en esta habitación Jomeini recibe visitas (incluso las misiones más oficiales del extranjero), sentado sobre una manta extendida en el suelo con la espalda apoyada en la pared. Por la ventana puede ver las cúpulas de las mezquitas y el amplio patio de la madrasa, un mundo cerrado de mosaicos de turquesa, alminares verdiazules, un mundo de frescor y de sombra. La avalancha de invitados y de personas que vienen a solicitar algo fluye a lo largo de todo el día. Si hay tiempo para un intervalo, Jomeini se dedica a meditar o, sencillamente, lo que es lógico en un anciano octogenario, duerme la siesta. La persona que siempre tiene acceso a la habitación es su hijo menor, Ahmed, ulema como el padre. El otro hijo, el primogénito, la esperanza de su vida, desapareció en circunstancias poco claras; se dice que fue eliminado por la Savak, la policía secreta del sha, en una emboscada.

La cámara muestra una plaza abarrotada de gente; no cabe un alfiler. Muestra caras curiosas y graves. En un lugar aparte, separadas de los hombres por un espacio claramente delimitado y envueltas en sus chadors, están las mujeres. El cielo, encapotado, es gris, el color de la gente, oscuro, y allí donde se encuentran las mujeres, negro. Jomeini aparece vestido, como siempre, con un ancho ropaje oscuro y un turbante negro. Una barba blanca enmarca su cara inmóvil y pálida. Cuando habla, sus manos descansan en los brazos del sillón, quietas. No inclina la cabeza ni el cuerpo, permanece erguido. Tan sólo algunas veces frunce el ceño y levanta las cejas. Aparte de esto no se mueve ni un solo músculo de este rostro tan firme, inquebrantable rostro de un hombre de gran determinación, de voluntad implacable y contundente que no conoce la vuelta atrás y, tal vez, ni siquiera la vacilación. En este rostro, que parece formado de una sola vez y para siempre, inmutable, inalterable a cualquier emoción o estado de ánimo, que no expresa sino la más absoluta concentración interior, sólo los ojos se mueven sin cesar; la mirada, viva y penetrante, se pasea sobre el mar de cabezas rizadas, mide la profundidad de la plaza, la distancia entre sus extremos, y sigue efectuando su detallado repaso como si buscase a alguien en particular. Oigo su voz monótona, de timbre incoloro, desprovista de matices, de ritmo uniforme y lento, fuerte pero sin estridencias, sin temperamento y sin brillo.

–¿De qué habla? –pregunto a los jugadores cuando Jomeini hace una pausa para pensar en la siguiente frase.

–Dice que debemos conservar nuestra dignidad –contesta uno de ellos.

El cámara enfoca ahora los tejados de las casas vecinas donde, armados de metralletas, están apostados unos jóvenes con las cabezas envueltas en pañuelos a cuadros.

–¿Y ahora qué dice? –vuelvo a preguntar, porque no entiendo el farsí, lengua en que pronuncia su discurso el ayatolá.

–Dice –contesta uno de los jugadores– que en nuestro país no puede haber lugar para injerencias extranjeras.

Jomeini sigue hablando; todo el mundo lo escucha con atención; en la pantalla se ve cómo alguien manda callar a los niños que se agolpan alrededor de la tarima.

–¿Qué dice? –pregunto al cabo del rato.

–Dice que nadie va a gobernar en nuestra casa ni a imponernos nada, y dice: «Sed hermanos los unos para con los otros, permaneced unidos.»

Es todo cuanto me pueden explicar valiéndose de su mal inglés. Todos los que estudian inglés debieran saber que resultará cada vez más difícil entenderse con el mundo en esta lengua. Como ya es cada vez más difícil entenderse en francés o en cualquier otra lengua europea. Hubo un tiempo en el que Europa era la dueña del mundo; enviaba a todos los continentes a sus comerciantes, a sus soldados, a sus misioneros y funcionarios, e imponía así a los demás sus intereses y su cultura (esta última en una edición un tanto dudosa). En aquel tiempo, hasta en el lugar más apartado del planeta el conocer una lengua europea significaba una esmerada educación, de buen tono, pero también era una necesidad vital, imprescindible para ascender o hacer carrera o, sencillamente, una condición para ser tratado como un ser humano. Estas lenguas se enseñaban en los colegios de África, se pronunciaban en ellas discursos en Parlamentos exóticos, se usaban en el comercio y en las instituciones, en los tribunales de Asia y en los cafés árabes. Un europeo podía viajar por todo el mundo y sentirse como en su casa, en todas partes podía expresarse y comprender lo que le estaban diciendo. Hoy el mundo es diferente: en la tierra han florecido centenares de patriotismos; cada nación desea que su país sea de su propiedad exclusiva, regido según las normas de su propia tradición. Cada nación tiene ya perfiladas sus aspiraciones, cada una de ellas es (o por lo menos quiere ser) libre e independiente, aprecia sus propios valores y exige que se los respeten. Salta a la vista cuán sensibles y susceptibles se muestran todos respecto a esta cuestión. Ni siquiera las naciones débiles y pequeñas (éstas menos que las otras) soportan que se les den lecciones y se rebelan contra aquellas que intentan dominarlas e imponerles su escala de valores (a menudo muy discutibles).

La gente puede admirar la fuerza de otros, pero prefiere hacerlo a distancia y no quiere experimentarla en su propia carne. Toda fuerza posee su dinámica, su tendencia a ejercer el poder y a expandirse, su machacona insistencia y una necesidad verdaderamente obsesiva de pisar al débil. En esto se manifiesta la ley de la fuerza; lo sabe todo el mundo. Y el débil ¿qué puede hacer? Nada, excepto aislarse. En nuestro mundo superpoblado y avasallador, para defenderse, para mantenerse a flote, el más débil tiene que apartarse, echarse a un lado. La gente teme ser absorbida, despojada, que se le homogeinice el paso, la cara, la mirada y el habla; que se la enseñe a pensar y reaccionar de una misma manera, que se la obligue a derramar la sangre por causas ajenas y, finalmente, que se la destruya. De ahí su inconformismo y rebeldía, su lucha por la propia existencia y, en consecuencia, por su lengua. En Siria se cerró un periódico francés; en Vietnam, uno inglés, y ahora en Irán, tanto el francés como el inglés. En la radio y en la televisión ya sólo usan su lengua: el farsí. En las conferencias de prensa, también. En Teherán acabará en un calabozo el que no sepa leer el letrero de: «Se prohíbe bajo pena de arresto la entrada de hombres en este establecimiento» colgado en una tienda de confección femenina. Morirá aquel que no sepa leer el letrero colocado en Isfahán: «Prohibida la entrada – ¡Minas!»

Antes llevaba conmigo por todo el mundo una pequeña radio de bolsillo para escuchar emisoras locales de cualquier continente y así poder enterarme de lo que ocurría en nuestro planeta. Ahora esta radio, entonces tan útil, no me sirve de nada. Cuando manipulo sus mandos, por el altavoz se oyen diez emisoras diferentes que hablan en diez lenguas diferentes de las que no entiendo ni una palabra. Mil kilómetros más adelante aparecen otras diez emisoras, igualmente incomprensibles. A lo mejor dicen que el dinero que llevo en el bolsillo hoy es ya papel mojado. O, tal vez, que ha estallado la guerra, ¿quién sabe?

Con la televisión ocurre algo muy parecido.

En todo el mundo y a cada momento, vemos en millones de pantallas un número ilimitado de personas que nos dicen algo, que intentan convencernos de algo, hacen gestos y muecas, se enardecen, sonríen, asienten con la cabeza, señalan con el dedo, y nosotros no sabemos de qué se trata, qué es lo que quieren de nosotros o a qué nos incitan. Cual si fuesen habitantes de otro planeta, un gran ejército de incansables agitadores de Venus o de Marte, y, sin embargo, son nuestros semejantes, la misma sangre, los mismos huesos, también mueven los labios, también articulan palabras, pero no podemos comprender ninguna. ¿En qué lengua se llevará a cabo el diálogo universal de la humanidad? Centenares de lenguas luchan por su reconocimiento y promoción, se levantan barreras lingüísticas, y la incomprensión y la sordera aumentan.

Tras una breve pausa (durante la cual muestran campos de flores; aquí gustan mucho las flores; las tumbas de los poetas más encumbrados se hallan en frondosos jardines multicolores) aparece en la pantalla la fotografía de un joven. Se oye la voz del locutor.

–¿Qué dice? –pregunto a mis jugadores de cartas.

–Da el nombre de esta persona. También cuenta quién era.

Acto seguido aparecen una tras otra más fotografías. Hay entre ellas fotos de carné de estudiante, fotos enmarcadas, instantáneas de fotomatón, fotos con ruinas de fondo, un retrato familiar con una flecha señalando a una muchacha apenas visible para indicar de quién se trata. Cada una de estas fotografías permanece en la pantalla unos segundos mientras el locutor lee una larga retahíla de nombres.

Son padres que piden noticias.

Llevan meses pidiéndolas; son probablemente los únicos que abrigan todavía alguna esperanza. Desapareció en septiembre, en diciembre, en enero, es decir, durante los meses de las luchas más encarnizadas, cuando por encima de las ciudades se elevaba un resplandor nunca apagado. Seguramente marchaban en las primeras filas de una manifestación desafiando el fuego de las ametralladoras. O les avistaron los tiradores de élite apostados en los tejados. Podemos suponer que cada una de estas caras fue vista por última vez por el ojo de un soldado que la había centrado en la mira de su fusil.

La película continúa; es un programa largo, durante el cual, día tras día, oímos la voz serena del locutor y contemplamos más y más caras nuevas de personas que ya no existen.

De nuevo aparecen campos de flores que dan paso al siguiente espacio de la programación vespertina. Y otra vez fotografías pero ahora de gente completamente distinta. Por lo general se trata de hombres entrados en años y de aspecto descuidado, vestidos de cualquier manera (cuellos arrugados, arrugadas chaquetas de dril), miradas desesperadas, caras hundidas, sin afeitar, a algunos ya les ha crecido la barba. Llevan colgados del cuello sendos letreros de cartón con nombre y apellido. Ahora, al aparecer una cara de entre la larga sucesión, uno de los jugadores dice: «¡Ah, es *ése!*», y todos miran la pantalla sin perder detalle. El locutor lee los datos personales de cada uno de los hombres y enumera sus crímenes. El general Mohammed Zand dio la orden de disparar contra una manifestación de personas indefensas en Tabriz; centenares de muertos. El comandante Hussein Farzin torturó a los presos quemándoles los párpados y arrancándoles las uñas. Hace unas horas –informa el locutor– el pelotón de fusilamiento de las milicias islámicas cumplió la sentencia del tribunal.

Durante este desfile de ausentes buenos y malos, la atmósfera del vestíbulo se vuelve sofocante y pesada, tanto más cuanto que la rueda de la muerte sigue girando y escupiendo centenares de nuevas fotografías (unas ya descoloridas, otras recién sacadas, las del colegio y las de la cárcel). Esta procesión de rostros callados e inmóviles que a menudo detiene su lenta marcha acaba por abrumar, pero a la vez absorbe de tal manera que por un instante me parece que dentro de un segundo veré en la pantalla las fotografías de mis vecinos y después la mía propia y oiré al locutor leer nuestros nombres.

Subo a mi piso, atravieso el pasillo vacío y me encierro en mi habitación repleta de trastos. A esta hora, como de costumbre, llegan desde algún lugar de la invisible ciudad los ecos de un tiroteo. Intercambian el fuego con mucha regularidad: cada noche. Empiezan a eso de las nueve como si un acuerdo o una antigua tradición hubiese fijado la hora. Después la ciudad enmudece y al poco tiempo vuelven a oírse disparos e incluso explosiones sordas. Esto ya no preocupa a nadie, nadie presta atención ni lo interpreta como una amenaza (nadie excepto aquellos a los que alcanzan las balas). Desde mediados de febrero, cuando estalló la sublevación en la ciudad y las multitudes se apoderaron de los arsenales del ejército, Teherán está armada, acechante; bajo el manto de la noche, en las calles y en las casas se vive el omnipresente drama del asesinato. La clandestinidad, oculta durante el día, levanta sus cabezas y grupos de enmascarados se hacen con el control de la ciudad.

Estas agitadas noches condenan a la gente a encarcelarse en sus casas, cerradas a cal y canto. A pesar de no existir el toque de queda, el transitar por las calles desde la medianoche hasta la madrugada resulta difícil y arriesgado. A esas horas la ciudad, agazapada e inmóvil, se encuentra en las manos de las milicias islámicas o en las de comandos independientes. En ambos casos suele tratarse de grupos de muchachos bien armados que continuamente nos apuntan con sus pistolas, preguntan por todo, se consultan los unos a los otros y, algunas veces, por si acaso, conducen a los detenidos a un calabozo del que después es difícil salir. Además nunca sabemos a ciencia cierta quiénes son los que nos meten en la cárcel, pues la violencia que nos sale al encuentro no lleva ningún signo de identificación, no tiene uniformes, ni gorras, ni brazaletes, ni insignias; se trata, sencillamente, de civiles armados cuyo poder debemos reconocer sin rechistar ni preguntar nada si en algo apreciamos nuestra vida. No obstante, al cabo de pocos días aprendemos a distinguirlos y empezamos a clasificarlos. Por ejemplo, ese señor tan elegante con traje de tarde, camisa blanca y corbata a tono, ese señor de aspecto distinguido que va por la calle con un fusil al hombro es, seguramente, un miliciano de algún ministerio u otra oficina de la administración central. En cambio, el muchacho con el rostro oculto tras una máscara (una media de lana con agujeros para los ojos y la boca, metida en la cabeza) es un fedayín local de quien no nos es permitido conocer la cara ni el nombre. Tampoco sabemos con seguridad quiénes son los hombres de las cazadoras verdes americanas que, en coches de los que asoman cañones de metralleta, recorren las calles a toda velocidad. Tal vez se trate de milicianos, pero también puede que sea algún comando de la oposición (fanáticos religiosos, anarquistas, supervivientes de la Savak), lanzado con determinación suicida a acciones de sabotaje o venganza.

Sin embargo, en realidad nos es indiferente saber quién nos tenderá la trampa o en qué redes (oficiales o ilegales) iremos a caer. Estos distingos no hacen gracia a nadie; la gente prefiere evitar sorpre-

20

sas, y por eso por la noche se encierra en su casa. Mi hotel también está cerrado (a esta hora los ecos de los disparos se entremezclan en toda la ciudad con los chirridos de las persianas que bajan y el ruido de los portazos). Nadie vendrá, no va a ocurrir nada. No tengo con quién hablar, me encuentro solo en una habitación vacía; echo un vistazo a las fotografías y notas que cubren la mesa, escucho las conversaciones grabadas en el magnetofón.

Daguerrotipos

Querido Dios:

¿Das siempre a cada persona el alma que le corresponde?

¿Nunca te equivocas?, di.

CINDY,
Cartas de los niños a Dios, Ed. Pax, 1978

Fotografía 1

Es la fotografía más antigua que he conseguido encontrar. Se ve en ella a un soldado que sostiene con la mano derecha una cadena; a la cadena está atado un hombre. Tanto el soldado como el hombre de la cadena fijan la mirada solemnemente en el objetivo de la cámara; queda patente que el momento es importante para ambos. El soldado es un hombre mayor de baja estatura y corresponde al tipo de campesino sencillo y obediente. El uniforme de mal corte que viste y que le viene ancho, los pantalones, arrugados como un acordeón, y un gorro enorme y torcido que se apoya en sus separadas orejas le dan un aspecto casi gracioso: recuerda al soldado Schweik. El hombre de la cadena (cara delgada, pálida, ojos hundidos) tiene la cabeza envuelta en vendajes: al parecer está herido. La inscripción a pie de fotografía reza que el soldado es el abuelo del sha Mohammad Reza Pahleví (último monarca de Irán) y que el herido no es otro que el asesino del sha Naser-ed-Din. Así que la fotografía debe de haberse sacado en el año 1896, en el que, tras cuarenta y nueve años de ejercer el poder, Naser-ed-Din fue asesinado por el criminal que ahora vemos en la foto. Tanto el abuelo como el asesino parecen cansados, lo cual es muy comprensible: llevan varios días caminando desde Qom hacia donde tendrá lugar la ejecución pública, Teherán. Arrastran los pies lentamente por el camino del desierto, sumidos en un calor espantoso y abrasador e inmersos en un aire asfixiante. El soldado va detrás y, delante de él, el asesino, famélico, atado a una cadena, al igual que en tiempos pasados los saltimbanquis llevaran de una cadena a un oso

27

amaestrado para ofrecer divertidos espectáculos en los pueblos que encontrasen en su camino, espectáculos que habrían de sustentarlos a ellos y al animal. Ahora el abuelo y el asesino caminan cansados, secándose una y otra vez el sudor de la frente; de cuando en cuando el asesino se queja del dolor en la cabeza que le produce la herida, aunque la mayor parte del tiempo ambos permanecen callados; al fin y al cabo no tienen nada de que hablar: el asesino mató y el abuelo lo conduce a la muerte. Son años en los que Persia es un país de una miseria aterradora, no existe el ferrocarril, los vehículos tirados por caballos los posee sólo la aristocracia; así pues, los dos hombres de la fotografía tienen que ir a pie hasta su lejano destino, marcado por la condena y por una orden. Esporádicamente topan con pequeños grupos de chozas de barro; los campesinos míseros y harapientos permanecen sentados con las espaldas apoyadas contra la pared, quietos, inmóviles. Sin embargo, ahora, al ver llegar por el camino al preso y al guardián, se enciende en sus ojos un destello de interés, se levantan del suelo y rodean a los recién llegados, que vienen cubiertos de polvo. «¿A quién lleváis, señor?», preguntan con timidez al soldado. «¿A quién?», repite éste, y se queda callado por unos instantes para causar más efecto y crear más tensión. «Éste –dice finalmente al tiempo que señala con un dedo al preso– ¡es el asesino del sha!» En la voz del abuelo se percibe una no disimulada nota de orgullo. Los campesinos contemplan al criminal con una mirada mezcla de terror y admiración. Por haber matado a un señor tan grande, el hombre de la cadena les parece también en cierta medida grande, como si el crimen le hiciera acceder a un mundo superior. No saben si deben enfurecerse de indignación o, por el contrario, caer de rodillas ante él. Mientras tanto, el soldado ata la cadena a un palo clavado al borde del camino, se descuelga el fusil del hombro (un fusil tan grande que le llega casi a los pies) y da órdenes a los campesinos: deben traer agua y comida. Los campesinos se rascan la cabeza porque en el pueblo no hay nada que comer; lo que sí hay es hambre. Añadamos que el soldado también es campesino, igual que ellos, y al igual que ellos ni siquiera tiene apellido; como nombre usa el de su pueblo, Savad-Kuhi, pero tiene un uniforme y un fusil y ha sido distinguido al encomendársele conducir al cadalso al asesino del sha, así que, haciendo uso de tan alta posición, una vez más ordena a los campesinos traer agua y comida, primero porque él mismo siente cómo el hambre le retuerce las tripas y, además, porque no debe permitir que el hombre de la cadena se muera por el camino de sed y agotamiento, pues en Teherán se verían obligados a suspender un espectáculo tan infrecuente como el de ahorcar en una plaza abarrotada de gente al asesino del mismísimo sha. Los campesinos, asustados por los implacables apremios del soldado, traen finalmente todo lo que tienen, todo aquello de lo que se alimentan y que no son más que unas raíces marchitas que habían arrebatado a la tierra y una bolsa de lona con langostas desecadas. El abuelo y el asesino se sientan a comer a la sombra, mastican con avidez las langostas y escupen a un lado las alas de los insectos, se ayudan a tragar bebiendo algún que otro sorbo de agua mientras los campesinos los contemplan en silencio y con envidia. Al caer la noche el soldado elige la mejor choza, echa de ella a sus propietarios y la convierte en calabozo provisional. Se envuelve en la cadena que ata al criminal (para que éste no se le escape), los dos se tumban en el suelo de barro, negro de cucarachas, y, agotados como están tras las muchas horas de caminar a la intemperie de un día abrasador, caen sumidos en un profundo sueño. Por la mañana se levantan y vuelven a ponerse en camino hacia el destino marcado por la condena y por la orden, es decir, rumbo al norte, hacia Teherán, a través del mismo desierto, a merced del mismo calor abrasador, yendo en la disposición antes fijada: primero, el asesino con la cabeza vendada, tras él, el cuerpo de la cadena de hierro en constante movimiento pendular, sostenida por la mano del soldado, y, finalmente, éste mismo, metido en ese uniforme de tan mal corte, con ese aspecto tan gracioso que le da su enorme gorro torcido apoyado en las separadas orejas, tan gracioso que cuando lo vi por primera vez en la fotografía, enseguida se me ocurrió pensar que se parecía mucho a Schweik.

Fotografía 2

En esta fotografía vemos a un joven oficial de la Brigada de los Cosacos de Persia, quien, de pie junto a una pesada ametralladora, explica a unos compañeros los principios del funcionamiento de esta arma mortífera. Como la ametralladora de la foto no es otra que un modelo modernizado del Maxim de 1910, la fotografía debe de datar de esa época. El joven oficial (nacido en 1878) se llama Reza Jan y es hijo del soldado guardián a quien encontráramos una veintena escasa de años atrás, cuando conducía por el desierto al asesino del sha atado a una cadena. Al comparar ambas fotografías advertimos inmediatamente que, al contrario que el padre, Reza Jan es un hombre de físico imponente. Su altura sobrepasa a la de sus compañeros por lo menos en una cabeza, tiene el pecho robusto y su aspecto es el de un forzudo de los que doblan herraduras sin ninguna dificultad. Cara de expresión grave, mirada fría y penetrante, anchas y macizas mandíbulas y labios apretados, incapaces de esbozar una sonrisa, ni la más leve. Aparece tocado con un enorme gorro de astracán negro, pues es, como ya he mencionado, un oficial de la Brigada de los Cosacos de Persia (único ejército de que dispone el sha en ese momento) al mando de un coronel de San Petersburgo, súbdito del zar, Vsievolod Liajov. Reza Jan es el favorito del coronel Liajov, a quien le gustan los jóvenes nacidos para ser soldados, y nuestro joven oficial corresponde precisamente al tipo de soldado de nacimiento. Este muchacho analfabeto que se alistó en la brigada a los catorce años (en realidad, en el momento de su muerte aún no había aprendido a leer y escribir bien), gracias a su obediencia, disciplina, decisión e inteligencia innata, y también gracias a lo que los militares llaman talento de mando, escala uno a uno los peldaños de la carrera profesional. Los grandes ascensos, no obstante, empiezan a llover sólo después de 1917, que es cuando el sha acusa a Liajov (equivocadamente) de simpatizar con los bolcheviques, por lo que lo destituye y lo envía a Rusia. Reza Jan se erige ahora en coronel y en jefe de la brigada cosaca, que desde ese momento se encuentra a cargo de los ingleses. En una de tantas recepciones, el general británico Edmund Ironside, poniéndose de puntillas para alcanzar la oreja de Reza Jan, le dice: «Coronel, ¡es usted un hombre de grandes posibilidades!» Salen a pasear al jardín, donde el general le insinúa la idea de un golpe de Estado y le transmite la bendición de Londres. En febrero de 1921, Reza Jan entra en Teherán al mando de su brigada y arresta a los políticos de la capital (esto ocurre durante el invierno; nieva; los políticos se quejan del frío y de la humedad de sus celdas). Acto seguido forma un nuevo gobierno en el que al principio se adjudica la cartera de Guerra para acabar siendo primer ministro. En diciembre de 1925 la obediente Asamblea Constitucional (que teme al coronel y a los ingleses que le apoyan) proclama sha de Persia al comandante cosaco. Nuestro joven oficial, a quien contemplamos en la fotografía cuando explica a sus compañeros (todos en esta foto llevan camisas y gorros rusos) los principios de funcionamiento de la ametralladora Maxim –el modelo modernizado de 1910–, este joven oficial, se llamará desde entonces Sha Reza el Grande, Rey de Reyes, Sombra del Todopoderoso, Nuncio de Dios y Centro del Universo, y asimismo será fundador de la dinastía Pahleví, que con él empieza y, de acuerdo con los designios del destino, terminará en su hijo, quien, una mañana fría de invierno igual a aquella en la que su padre conquistara la capital y el trono, sólo que cincuenta y ocho años más tarde, abandonará el palacio y Teherán en un moderno reactor volando hacia destinos inescrutables.

Fotografía 3

Comprenderá muchas cosas quien examine con detenimiento la fotografía de padre e hijo de 1926. En esta fotografía el padre tiene cuarenta y ocho años y el hijo, siete. El contraste entre los dos es chocante bajo cualquier punto de vista: la enorme y muy desarrollada silueta del sha padre, que permanece en pie con las manos apoyadas en las caderas y con rostro severo y despótico, y, a su lado, la frágil y menuda silueta del niño, que apenas si alcanza la cintura del padre, un niño pálido y tímido que obedientemente ha adoptado la posición de firmes. Visten los dos idénticos uniformes y gorras, llevan iguales zapatos y cinturones y el mismo número de botones: catorce. Esta igualdad en el vestir es una idea del padre, quien quiere que su hijo, a pesar de ser intrínsecamente diferente, se le parezca lo más posible. El hijo intuye este propósito y, aunque su naturaleza es la de un ser débil, vacilante e inseguro de sí mismo, a cualquier precio in-

31

tentará adoptar la implacable y despótica personalidad del padre. A partir de este momento, en el niño empezarán a desarrollarse y a coexistir dos naturalezas: la suya propia y la copiada, la innata y la del padre, que empezará a asumir gracias a los esfuerzos que se ha propuesto no escatimar.

Finalmente, acabará tan dominado por el padre que, cuando transcurridos largos años ocupe el trono, repetirá por reflejo condicionado (aunque a menudo también conscientemente) los comportamientos de papá, y hasta en los últimos momentos de su propio reinado invocará la autoridad imperial de aquél. Pero ahora el padre empieza a gobernar con todo el ímpetu y la energía propias de su personalidad. Tiene muy asumido el carácter mesiánico de su misión y sabe adónde quiere llegar (hablando en los términos que él habría usado, forzar a trabajar a la ignorante chusma, construir un país fuerte ante el cual todos se ciscaran de miedo). Tiene una prusiana mano de hierro y sencillos métodos de capataz. El viejo Irán, adormecido y haragán, tiembla en sus cimientos (desde ahora, por una orden suya, Persia se llamará Irán). Empieza creando un ejército imponente. Ciento cincuenta mil hombres reciben uniformes y armas. El ejército es la niña de sus ojos, su mayor pasión. El ejército siempre debe tener dinero, lo debe tener todo. El ejército meterá al pueblo en la modernidad, en la disciplina y en la obediencia. Atención todo el mundo: ¡firmes! Prohíbe por decreto llevar ropa iraní. ¡Todo el mundo debe vestir a la europea! Declara prohibido el uso de gorros iraníes. ¡Todo el mundo debe llevar gorros europeos! Declara prohibidos los chadors. Las calles se llenan de policías que arrancan los chadors de las caras de las mujeres horrorizadas. En las mezquitas de Meshed los fieles protestan contra esas medidas. Envía la artillería, que destruye las mezquitas y acaba con los rebeldes en una gran masacre. Manda asentarse a las tribus nómadas. Los nómadas protestan. Ordena envenenarles los pozos condenándoles así a morir de hambre. Los nómadas siguen protestando, así que les envía expediciones de castigo que convierten territorios enteros en tierras deshabitadas. Mucha sangre corre por los caminos de Irán. Prohíbe fotografiar los camellos. El camello, dice, es un animal atrasado. En Qom un ulema pronuncia sermones críticos. Entra en la mezquita y apalea al crítico. Al gran ayatolá Madresi, quien alzó la voz en su contra, lo arroja a una mazmorra donde permanecerá encerrado durante años. Los liberales protestan tímidamente en los periódicos. Cierra los periódicos y a los liberales los mete en la cárcel. Ordena emparedar a algunos de ellos en la torre. Los por él considerados descontentos tienen la obligación de presentarse en la policía todos los días como castigo. Incluso las señoras de la aristocracia se desmayan de miedo cuando en las recepciones este gigante gruñón e inaccesible les dirige una mirada severa. Reza Jan ha conservado hasta el final muchas costumbres de su infancia pueblerina y su juventud de cuartel. Vive en un palacio, pero sigue durmiendo en el suelo, va siempre vestido de uniforme y come de la misma olla que los soldados. ¡Qué gran tipo! Al mismo tiempo es codicioso de tierras y dinero. Aprovechándose del poder, reúne una fortuna descomunal. Se convierte en el señor feudal más grande, propietario de casi tres mil pueblos y de doscientos cincuenta mil campesinos adscritos a estos pueblos; posee participaciones en las fábricas y acciones en los bancos; recoge tributos; cuenta y vuelve a contar, suma y vuelve a sumar; basta que se le enciendan los ojos al ver un bosque frondoso, un valle verde o una plantación fértil, para que ese bosque, ese valle o esa plantación tengan que ser suyos; incansable e insaciable, aumenta constantemente sus propiedades, hace crecer y multiplica su enloquecedora fortuna. Nadie puede acercarse al surco que marca el límite de la tierra del monarca. Un día se celebra una ejemplar ejecución pública: por orden del sha un pelotón del ejército fusila a un burro que, desoyendo las prohibiciones del sha, pisó un prado perteneciente a Reza Jan. Trajeron al lugar de la ejecución a los campesinos de los alrededores para que aprendieran a respetar la propiedad del señor. Pero, al lado de la crueldad, la codicia y las rarezas, el viejo sha también tuvo sus méritos. Salvó a Irán del desmembramiento que lo amenazaba al terminar la Primera Guerra Mundial. Además intentó modernizar el país construyendo carreteras y ferrocarriles, escuelas y oficinas, aeropuertos y barrios nuevos en las ciudades. Sin embargo, el pueblo seguía pobre y apático, y, cuando Reza Jan murió, el pueblo, más que contento, celebró el acontecimiento durante mucho tiempo.

La famosa fotografía que en su tiempo dio la vuelta al mundo: Stalin, Roosevelt y Churchill se sientan en unos sillones colocados en una amplia terraza. Stalin y Churchill llevan uniformes. Roosevelt viste un traje oscuro. Es Teherán en una soleada mañana de diciembre de 1943. En la fotografía todos se muestran confiados, y eso nos alegra porque sabemos que en estos momentos se está decidiendo la suerte que correrá el mundo tras la más terrible guerra de la historia de la humanidad y que la expresión que puedan tener las caras de estos hombres es un asunto de suma importancia para todos: debe infundir ánimo. Los reporteros gráficos terminan su trabajo y la gran terna se dirige al vestíbulo para mantener una pequeña conversación en privado. Roosevelt le pregunta a Churchill qué ha pasado con el emperador del país, el sha Reza («si es que no pronuncio mal su nombre», se disculpa). Churchill se encoge de hombros, habla con desgana. El sha admiraba a Hitler y se había rodeado de su gente. Todo Irán estaba lleno de alemanes; estaban en palacio, en los ministerios, en el ejército. La Abwehr se hizo muy poderosa en Teherán, circunstancia que el sha veía con buenos ojos pues Hitler estaba en guerra con Inglaterra y con Rusia, y como nuestro monarca odiaba tanto a los unos como a los otros, se frotaba las manos con cada avance de las tropas del Führer. Londres tenía miedo de perder el petróleo iraní, que era el combustible de la armada británica; y Moscú, por su parte, temía que los alemanes desembarcasen en Irán, desde donde podrían atacar la zona del mar Caspio. Pero, sobre todo, lo más inquietante era el ferrocarril transiraní, por el que los americanos y los ingleses querían transportar armas y víveres para Stalin. El sha les había negado el permiso para usar el ferrocarril en un momento crucial: las divisiones alemanas avanzaban cada vez más hacia el este. A la vista de estas circunstancias los aliados obran contundentemente: en agosto de 1941 entran en Irán divisiones de los ejércitos británico y rojo. Quince divisiones iraníes se rinden sin oponer resistencia. El sha no podía creer la noticia, pero, después de vivir momentos de humillación, acabó encajándola como un desastre personal. Parte de su ejército se marchó a casa y la otra parte fue encerrada en los cuarteles por los aliados. El sha, desprovisto de sus soldados, dejó de contar, dejó de existir. Los ingleses, que respetan incluso a los monarcas que les han traicionado, le ofrecieron una salida honrosa: tenga la bondad Su Alteza de abdicar en favor de su hijo, el heredero del trono. Nos merece buena opinión y le garantizamos nuestro apoyo. Pero ¡no vaya a creer Su Alteza que tiene otra salida! El sha se muestra conforme y en septiembre del mismo año, 1941, ocupa el trono su hijo de veintidós años Mohammad Reza Pahleví. El viejo sha es ya un civil y por primera vez en su vida se pone un traje de paisano. Los ingleses lo llevan en un barco a África, a Johannesburgo (donde muere después de tres años de vida aburrida, aunque cómoda, y de la que no se puede decir mucho más). «We brought him, we took him», concluyó Churchill a modo de sentencia (Nosotros lo pusimos, nosotros lo quitamos).

Nota 1

Veo que me faltan unas fotografías o no consigo encontrarlas. No tengo la fotografía del último sha en su época de adolescente. Tampoco tengo la de 1939, año en que Reza Pahleví, alumno de la escuela de oficiales de Teherán, cumple veinte años y es nombrado por su padre general del ejército. Tampoco tengo la fotografía de su primera esposa, Fawzia, bañándose en leche. Sí, Fawzia, hermana del rey Faruk, muchacha de gran belleza, solía bañarse en leche sin saber que la princesa Ashraf, espíritu maligno y conciencia negra de su hermano gemelo, el joven sha, le echaba en la bañera, según dicen, detergentes cáusticos: he aquí uno más de los escándalos de palacio. Tengo, sin embargo, la fotografía del último sha que data del 16 de septiembre de 1941, fecha en que ya como sha Reza Pahleví ocupa el trono dejado por su padre. Permanece de pie en la sala del Parlamento, delgado, metido en un uniforme de gala y con el sable prendido, y lee de una cuartilla el texto del juramento. Esta fotografía se repitió una y otra vez en todos los álbumes dedicados al sha, álbumes que se editaban por decenas si no por centenares. Le gustaba mucho leer los libros que trataban de él, así como contemplarse en los álbumes que se editaban para honrarlo. Le gustaba mucho inaugurar sus monumentos y sus retratos. No era nada difícil contemplar la efigie del sha. Bastaba con pararse en cualquier lugar y abrir los ojos: el sha estaba en todas partes. Como no destacaba por su estatura, los fotógrafos tenían que colocar sus objetivos de tal manera que pareciera más alto que quienes le acompañaban. Él mismo les ayudaba a conseguir el efecto deseado llevando zapatos de tacón alto. Los súbditos le besaban los zapatos. Tengo fotografías en las que se les ve postrados ante él y besándole los zapatos. No tengo, sin embargo, la fotografía de su uniforme de 1949. Ese uniforme, agujereado por las balas y manchado de sangre, estaba expuesto en una vitrina de cristal en el club de oficiales de Teherán como una reliquia, como un recordatorio. Lo llevaba el día en que un hombre joven, bajo la falsa identidad de reportero gráfico, y armado con una pistola disimulada en la cámara, le disparó varias veces hiriéndolo gravemente. Se calcula que hubo cinco atentados contra su vida. Por este motivo se creó tal clima de inseguridad (real, por otra parte) que el monarca tenía que moverse rodeado de todo un ejército de policías. A los iraníes les molestaba mucho que a veces se organizaran actos con la presencia del sha a los que, por razones de seguridad, se invitaba sólo a extranjeros. También decían sus compatriotas en tono mordaz que se desplazaba por su país casi exclusivamente en avión o helicóptero, que contemplaba su país desde las alturas, a vista de pájaro, desde esa perspectiva cómoda que nivela los contrastes. No tengo ninguna fotografía de Jomeini de años anteriores. En mi colección, Jomeini aparece ya como un anciano, como si fuese un hombre que no hubiera vivido ni la juventud ni la madurez. Los fanáticos de aquí creen que Jomeini es ese duodécimo imán, el Esperado, que había desaparecido en el siglo IX y que, ahora, cuando han pasado más de mil años, ha vuelto para salvarlos de la miseria y de las persecuciones. Es bastante paradójico, pero el hecho de que Jomeini aparezca en las fotografías casi siempre como un anciano podría confirmar esa creencia ilusoria.

Podemos suponer que éste es el día más grande en la larga vida del doctor Mossadegh. El doctor abandona el Parlamento llevado a hombros por una multitud eufórica. Sonríe; saluda a la gente levantando su mano derecha. Tres días antes, el 28 de abril de 1951, ha sido nombrado primer ministro, y hoy el Parlamento ha aprobado su proyecto de ley de nacionalización del petróleo. El mayor tesoro de Irán se ha convertido en propiedad del pueblo. Debemos intentar adentrarnos en el espíritu de aquella época, pues desde entonces el mundo ha cambiado mucho. En aquellos años, atreverse a tomar una medida como la que había tomado Mossadegh era comparable a lanzar repentina e inesperadamente una bomba sobre Londres o Washington. El efecto psicológico habría sido el mismo: estupor, miedo, furia, indignación. ¡En alguna parte, en un lugar llamado Irán, un abogado viejo, que a buen seguro es un demagogo loco, ha osado desmantelar la Anglo-Iranian, el pilar de nuestro imperio! ¡Increíble y –lo que es más– imperdonable! La propiedad colonial era realmente un valor sagrado: intocable como un tabú. Pero aquel día memorable –su sublime trascendencia se refleja en todas las caras que se ven en la fotografía– los iraníes aún no sabían que habían cometido un crimen que habrían de pagar con un castigo severísimo. De momento todo Teherán vive horas de alegría; es el gran día de la purificación de un pasado extranjero y odioso. «¡El petróleo es nuestra sangre! –gritan multitudes enloquecidas–, ¡el petróleo es nuestra libertad!» El espíritu de la ciudad se contagia también a palacio y el sha estampa su firma en el decreto de nacionalización. Es el momento en que todos se sienten hermanos, un momento único que pronto no será más que un recuerdo, pues la unanimidad de la familia nacional no durará mucho. Las relaciones entre Mossadegh y ambos shas (padre e hijo) no eran demasiado buenas. Mossadegh era hombre de formación ideológica francesa, liberal y demócrata; creía en instituciones tales como el Parlamento y la prensa libre, y le dolía el estado de dependencia en el que se encontraba su patria. Ya en la época de la Primera Guerra Mundial, al volver de Europa tras terminar sus estudios, llega a ser miembro del Parlamento y desde ese foro lucha contra la corrupción y el servilismo, contra la crueldad del poder y la venalidad de la élite. Cuando Reza Jan da el golpe y se pone la corona de sha, Mossadegh se manifiesta como su más firme opositor, pues lo considera un lacayo y un usurpador, y en signo de protesta renuncia al Parlamento y se retira de la vida pública. La caída de Reza Jan abre grandes posibilidades ante Mossadegh y personas como él. El joven sha es un hombre al que, en esa época, interesan más las fiestas y el deporte que la política, así que existe la posibilidad de crear en Irán una democracia y de conseguir plena independencia para el país. Las fuerzas de Mossadegh son tan grandes y sus eslogans tan populares que el sha se ve apartado. Juega al fútbol, vuela en su avión particular, organiza bailes de máscaras, se divorcia y se casa o se va a Suiza a esquiar. El sha nunca ha sido una figura popular y el círculo de personas con las que mantiene lazos estrechos tiene un carácter limitado. Ahora forman este círculo de allegados sobre todo los oficiales: el pilar de palacio. Por un lado, se trata de oficiales mayores, que recuerdan el prestigio y la fuerza de que gozaba el ejército en los tiempos de Reza Jan, y, por el otro, de oficiales jóvenes, compañeros del nuevo sha de la academia militar. Tanto a los primeros como a los segundos les molesta el democratismo de Mossadegh y el gobierno de la calle que éste ha introducido. Pero al lado de Mossadegh permanece en esta época la figura de máxima autoridad, el ayatolá Kashani, y eso significa que el viejo doctor cuenta con el apoyo de todo el pueblo.

Fotografía 6

El sha y su nueva esposa, Soraya Esfandiari, se encuentran en Roma. Pero esto no es un viaje de bodas, una aventura alegre y divertida, libre de preocupaciones y de la rutina de la vida diaria. No, es su huida del país. Incluso en esta fotografía, de pose cuidadosamente preparada, el sha, que cuenta treinta y cuatro años (viste americana cruzada y pantalón a juego, y aparece joven y moreno), no sabe ocultar su nerviosismo, cosa más que comprensible pues en estos días está en juego su real destino; no sabe si podrá volver al trono abandonado apresuradamente o si su vida será la de un emigrado vagando por el mundo. En cambio Soraya, mujer de singular belleza aunque fría, hija del jefe de la tribu bajtiari y de una alemana instalada en Irán, parece dominarse mejor; su rostro no revela nada, tanto más cuanto que oculta los ojos tras unas gafas de sol. Ayer, 17 de agosto de 1953, llegaron hasta aquí en un avión privado (pilotado por el propio sha, esta tarea siempre lo ha relajado) para alojarse en el espléndido hotel Excelsior, donde ahora se amontonan decenas de reporteros gráficos en espera de todas y cada una de las apariciones de la imperial pareja. Roma es ahora, en la estival época de vacaciones, una ciudad llena de turistas; en las playas italianas se agolpan miles de personas (justamente se está poniendo de moda el bikini). Europa descansa, veranea, visita monumentos, se alimenta en buenos restaurantes, camina por las montañas, planta tiendas de campaña, acumula las fuerzas y la salud necesarias para el frío del otoño y las nieves del invierno. Mientras, en Teherán no se vive ni un momento de tranquilidad; nadie piensa en relajarse porque ya se detecta el olor a pólvora y se oyen afilar los cuchillos. Todo el mundo dice que tiene que ocurrir algo, que seguro que algo va a ocurrir (todos sienten la opresión asfixiante del aire que se vuelve cada vez más denso y que augura una explosión inminente), pero quién empezará y de qué manera sólo lo sabe un puñado de conspiradores. Los dos años de gobierno del doctor Mossadegh tocan a su fin. El doctor, amenazado por un posible atentado (demócrata y liberal, conspiran contra él tanto los partidarios del sha como los fanáticos del islam), se ha trasladado con su cama, una maleta llena de pijamas (tiene la costumbre de trabajar embutido en uno de ellos) y una bolsa repleta de medicinas al Parlamento, que, según se cree, es el lugar más seguro. Aquí vive y trabaja sin salir al exterior, tan deprimido que quienes lo vieron en esos días notaron lágrimas en sus ojos. Han fallado todas sus esperanzas, sus cálculos han resultado erróneos. Expulsó a los ingleses de los campos petrolíferos, declarando que todo país tiene derecho a sus propias riquezas, pero olvidó que la fuerza va por delante del derecho. Occidente ha ordenado el bloqueo de Irán y el boicot de su petróleo, que se ha convertido en la fruta prohibida en los mercados internacionales. Mossadegh había pensado que los americanos le darían la razón en el litigio con los ingleses y que le ayudarían. Pero los americanos no le han tendido la mano. Irán, que, aparte del petróleo, no tiene mucho que vender, ha sido llevado al borde de la bancarrota. El doctor escribe, una tras otra, cartas a Eisenhower, apela a su conciencia y sabiduría, pero las cartas quedan sin respuesta. Eisenhower lo acusa de comunismo aunque Mossadegh sea un patriota independiente y enemigo de los comunistas. Pero nadie quiere escuchar sus explicaciones porque los patriotas de los países débiles parecen sospechosos a los ojos de los poderosos de este mundo. Eisenhower habla ya con el sha, cuenta con él; sin embargo, al sha se le boicotea en su propio país, hace tiempo que no sale de palacio, sufre temores y depresiones, tiene miedo a que la calle, voluble y amenazadora, le arrebate el trono; confiesa a los más allegados: «¡Todo está perdido!, ¡todo está perdido!», no sabe si debe hacer caso a los oficiales más cercanos a palacio que le aconsejan eliminar a Mossadegh si quiere salvar a la monarquía y al ejército (Mossadegh se ha ganado la enemistad de los oficiales de alta graduación por haber destituido recientemente a veinticinco generales a los que ha acusado de traición a la patria y a la democracia), no consigue decidirse a dar el paso definitivo que acabe de romper de una vez los ya frágiles lazos que le unen con su primer ministro (los dos se ven envueltos en una lucha que no se puede solucionar amistosamente pues se trata de un conflicto entre el principio del poder unipersonal, representado por el sha, y el de la democracia, que proclama Mossadegh). Tal vez el sha siga aplazando su decisión porque sienta cierto respeto hacia el viejo doctor o tal vez, simplemente, le falta valor para declararle la guerra, no se siente seguro de sí mismo ni tiene voluntad para actuar de forma implacable. Lo más seguro es que le gustaría que toda esa operación, dolorosa y hasta brutal, la llevaran a cabo otros por él. Todavía indeciso y con los nervios alterados, abandona Teherán para desplazarse a la residencia de verano que tiene en Ramsar, a orillas del mar Caspio, donde, por fin, firmará la sentencia contra el primer ministro; pero cuando resulte que el primer intento de acallar al doctor ha salido a la luz demasiado pronto y ha terminado en una derrota de palacio, huirá a Roma junto con su joven esposa sin esperar el desarrollo de los acontecimientos (muy favorables para él, como se vio con posterioridad).

Fotografía 7

Es ésta una fotografía recortada de un periódico, pero con tan mala fortuna que no se lee nada al pie de ella. Muestra, eso sí, una estatua ecuestre levantada sobre un pedestal de granito de considerable tamaño. El jinete, fuerte y musculoso a semejanza de un Hércules, se yergue firme desde la silla del caballo, apoya su mano izquierda en la crin del animal y señala con la derecha algún objetivo (seguramente apunta hacia el futuro). Una cuerda rodea el cuello del jinete. Otra, de grosor semejante, pende del cuello del caballo. Un grupo de hombres apiñados al pie de la estatua tira de ambas. Todo transcurre en una plaza abarrotada de gente que contempla con suma atención a los hombres, los cuales, agarrados a las cuerdas, intentan vencer la resistencia que opone el sólido bloque de bronce del monumento. La fotografía está sacada en el momento en que las cuerdas están ya tan tensas y el jinete y el caballo tan inclinados que bastará con un leve tirón para que ambos caigan al suelo con estrépito. Sin querer nos preguntamos si a los que tiran de las cuerdas con tanto empeño les dará tiempo a saltar a un lado, pues disponen de poco espacio en una plaza en que numerosos mirones insisten en agolparse. Esta fotografía nos muestra la destrucción de la estatua de uno de los dos shas (padre o hijo) en Teherán o en cualquier otra ciudad iraní. Sin embargo, es difícil determinar en qué época se tomó, pues las estatuas de ambos shas Pahleví fueron destruidas en más de una ocasión, es decir, cada vez que el pueblo pudo hacerlo. Ahora también, al enterarse de que el sha ya no está en palacio y de que se ha refugiado en Roma, las gentes han salido a las plazas y han destrozado los monumentos de la dinastía.

Periódico 1

Se trata de una entrevista hecha por un reportero del diario *Kayhan* de Teherán a un hombre que destacó en la tarea de derribar las estatuas del sha:

–En su barrio se ha ganado usted, Golam, la fama de destrozaestatuas; le consideran incluso todo un veterano en ese campo.

41

—Es cierto. Las primeras estatuas que destruí fueron las del viejo sha, el padre de Mohammad Reza, cuando abdicó en 1941. Recuerdo cómo cundió la alegría por toda la ciudad cuando saltó la noticia de que se había marchado. Todo el mundo se lanzó enseguida a destruir sus estatuas. Yo era entonces un muchacho pero ayudé a mi padre, quien, junto con sus convecinos, derribó el monumento que Reza Jan se había hecho erigir en nuestro barrio. Puedo decir que aquello fue como hacer mis primeras armas.

—¿Le persiguieron por este motivo?

—No, en aquella época eso aún no se hacía. Después de marcharse el viejo sha, se vivió todavía un tiempo de libertad. En aquel entonces el joven sha no tenía fuerza suficiente como para imponer su poder. ¿Quién iba a perseguirnos? Todo el mundo se oponía a la monarquía. Al sha lo apoyaba tan sólo parte de los oficiales y, cómo no, los americanos. Luego dieron el golpe, encerraron a nuestro Mossadegh, fusilaron a su gente y también a comunistas. Volvió el sha e implantó la dictadura. Corría el año 1953.

—¿Recuerda aquel año?

—Claro que lo recuerdo. Fue el más importante, porque fue el del fin de la democracia y el del inicio de la dictadura. En cualquier caso me acuerdo muy bien del día en que la radio dio la noticia de la huida del sha a Europa y de cómo, al enterarse de ello, la gente se lanzó eufórica a la calle y empezó a derribar las efigies imperiales. En este punto debo aclarar que desde un principio el joven sha erigió muchos monumentos a su padre y a sí mismo, así que durante aquellos años se fue acumulando bastante material para derribar. En aquella época mi padre ya había muerto, pero yo ya era un adulto y salí por primera vez como un tiraestatuas autónomo.

—¿Y qué? ¿Las derribasteis todas?

—Sí, no fue tarea difícil. Cuando volvió el sha, tras el golpe, no quedaba ni una sola efigie de los Pahleví. Pero no tardó nada en empezar a levantar nuevos monumentos, suyos y de su padre.

—Eso significa que lo que usted había destruido él lo volvía a reponer enseguida, y que luego usted acababa destruyendo lo que él había repuesto, y así sucesivamente, ¿no?

—En efecto, así era, es cierto. Se puede decir que no dábamos abasto. Destruíamos una estatua, él levantaba tres; destruíamos tres, él levantaba diez. No se veía el final de todo aquello.

–Y posteriormente, después del 53, ¿cuándo volvisteis a la tarea? –Teníamos pensado hacerlo en el 63, es decir, durante la sublevación que estalló cuando el sha encerró a Jomeini. Pero aquél inmediatamente ordenó una masacre tal que tuvimos que esconder nuestras cuerdas sin haber tenido tiempo de tirar una sola estatua.

–¿Debo comprender que teníais cuerdas especiales para ese menester?

–¡¿Cómo si no?! Teníamos unas cuerdas de sisal fortísimas que guardábamos en el mercado, en el tenderete de un vendedor amigo. No se podía bromear con estas cosas; si la policía nos hubiese descubierto, habríamos acabado en el paredón. Lo teníamos todo preparado para el momento adecuado, todo estaba bien pensado y ensayado. Durante la última revolución, es decir, en el año 79, la desgracia consistió en que se lanzaron a derribar monumentos no pocos aficionados y por eso hubo muchos accidentes, porque los dejaban caer directamente sobre sus cabezas. Destruir un monumento no es tarea fácil; hace falta para ello profesionalidad y práctica. Hay que saber de qué material está hecho, qué peso tiene, cuál es su altura, si está soldado en todos los bordes o si las junturas son de cemento; en qué sitio atar la cuerda, hacia dónde inclinar la estatua y, finalmente, cómo destruirla. Nosotros nos poníamos a calcularlo todo ya en el mismo instante en que se empezaba a levantar la siguiente estatua del sha. Era la ocasión más propicia para averiguar cada particularidad acerca de su construcción: saber si la figura estaba vacía o llena y –lo que es más importante– cómo se juntaba con el pedestal, qué método habían utilizado para fijar la estatua.

–Debíais de dedicar mucho tiempo a estas averiguaciones.

–¡Muchísimo! Ya sabe usted que en los tres últimos años el sha se hacía construir cada vez más monumentos. En todas partes: en las plazas, en las calles, en las estaciones, al borde de los caminos... Además, otros también se los erigían. El que quería conseguir un buen contrato y aplastar la competencia, corría para ser el primero en rendirle este homenaje. Por eso muchos monumentos eran de construcción poco sólida y, cuando llegaba su hora, no nos costaba trabajo destruirlos. Pero debo reconocer que en algún momento dudé de si conseguiríamos derrumbar tal cantidad de estatuas: realmente se contaban por centenares. La verdad es que nos costó sangre y sudor aquel trabajo. Yo tenía las manos llenas de ampollas y llagas de tanto darle a la cuerda.

–Pues sí, Golam, le tocó un trabajo interesante.

–Aquello no era un trabajo; era un deber. Me siento muy orgulloso de haber destruido los monumentos del sha. Creo que todos los que participaron en esa destrucción se sienten igualmente orgullosos. Lo que hicimos lo puede ver todo el mundo: todos los pedestales están vacíos y las figuras de los shas han sido destrozadas y yacen desmembradas por algún que otro patio.

Libro 1

Los reporteros norteamericanos David Wise y Thomas B. Ross escriben en su libro *The Invisible Government* (Londres, 1965):

«No cabe ninguna duda de que la CIA organizó y dirigió el golpe que en 1953 derrocó al primer ministro Mohammed Mossadegh, y mantuvo en el trono al sha Mohammad Reza Pahleví. Pero son pocos los americanos que saben que aquel golpe fue encabezado por un agente de la CIA que era nieto del presidente Theodore Roosevelt. Ese hombre –Kermit Roosevelt– llevó a cabo en Teherán una operación tan espectacular que, todavía muchos años después, se le llamaba en los círculos de la CIA Mister Irán.» En amplios medios de la agencia circuló la leyenda según la cual Kermit había dirigido el golpe contra Mossadegh apuntando con una pistola a la sien del jefe de un tanque cuando la columna móvil de la artillería pesada irrumpió en las calles de Teherán. Pero otro agente, uno que sabía muy bien cómo se habían desarrollado los acontecimientos, definió aquella historia como «un tanto romántica» y dijo: «Kermit dirigió toda la operación no desde la sede de nuestra embajada sino desde un sótano de Teherán», y añadía con admiración: «Realmente, fue una operación a la medida de James Bond.»

El general Fazollah Zahedi, al que la CIA destinó para ocupar el puesto de Mossadegh, también fue una figura digna de convertirse en protagonista de una novela de espionaje. Era un mujeriego alto y de muy buen plante, que primero combatió a los bolcheviques, luego fue atrapado por los curdos, y, en 1942, detenido por los ingleses, quienes le acusaban de ser un agente de Hitler. A lo largo de la Segunda Guerra Mundial, Irán permaneció ocupado por los ingleses y por los rusos.

Los agentes británicos que encarcelaron a Zahedi sostienen que habían encontrado en su dormitorio los siguientes objetos: una colección de armas automáticas de fabricación alemana, unas braguitas de seda, un poco de opio, cartas de los paracaidistas alemanes que operaban en las montañas y un catálogo ilustrado de las prostitutas más cachondas de Teherán.

Terminada la guerra, Zahedi no tardó en volver a la vida pública. Era ministro del Interior cuando Mossadegh se hizo cargo de la jefatura del gobierno en 1951.

Mossadegh nacionalizó la empresa británica Anglo-Iranian y ocupó la gran refinería de Abadán, en el Golfo Pérsico. Además, toleró el Tudeh, el partido comunista iraní, por lo que Londres y Washington temieron que los rusos se hicieran con las enormes reservas de petróleo del país. Finalmente, este político, que gobernaba Irán desde la cama –afirmaba estar muy enfermo–, rompió con Zahedi porque el ministro se oponía a su trato indulgente hacia los comunistas. Así se presentaban las cosas cuando la CIA y Kermit Roosevelt empezaron a actuar con el único objetivo de eliminar a Mossadegh y colocar en su lugar a Zahedi.

La decisión de derrocar a Mossadegh fue tomada conjuntamente por los gobiernos británico y norteamericano. La CIA afirmaba que la operación acabaría con éxito porque las condiciones eran favorables. Roosevelt, que, a pesar de tener sólo 37 años, era ya entonces un veterano en espionaje, entró en Irán ilegalmente. Pasó la frontera en coche, llegó a Teherán y, una vez en la ciudad, hizo que se perdiera su pista. No tuvo más remedio que borrar sus huellas porque ya con anterioridad había visitado Irán en diversas ocasiones y su cara resultaba demasiado familiar. Varias veces cambió de morada para que los agentes de Mossadegh no pudieran dar con él. Para todo ello contó con la ayuda de cinco norteamericanos entre los que se encontraban los agentes de la CIA de la embajada estadounidense. Aparte de ellos, colaboraron con él algunos agentes locales, incluidos dos altos funcionarios de los servicios de espionaje iraníes con los cuales mantenía contactos a través de intermediarios.

El 13 de agosto el sha firma un decreto por el que destituye a Mossadegh y nombra a Zahedi primer ministro. Pero Mossadegh arresta al coronel que le lleva el documento (y que no es otro que Nematollach Nassiri, quien más tarde llegaría a ser el jefe de la Savak). Las calles se llenan de multitudes que protestan por la decisión del sha. En vista del panorama éste, junto con su esposa Soraya, toma un avión para huir, primero a Bagdad, y, luego, a Roma.

En los dos días siguientes imperó tal caos que Roosevelt perdió todo contacto con los agentes iraníes. En este tiempo el sha había llegado a Roma, adonde también se había desplazado el jefe de la CIA, Allen Dulles, para coordinar la acción conjunta con Mohammad Reza. En Teherán multitudes comunistas controlaban la calle y celebraban la marcha del sha destruyendo sus estatuas. Entonces el ejército salió de sus cuarteles y empezó a acordonar a los manifestantes. En la madrugada del 19 de agosto, Roosevelt, que seguía oculto, dio orden a los agentes iraníes de lanzar a la calle a todos los efectivos que fueran capaces de conseguir.

Los agentes se dirigieron a los clubs deportivos, donde reclutaron un extraño revoltijo de atletas y gimnastas con los que formaron un grupo de manifestantes extraordinario que hicieron desfilar por el bazar lanzando gritos a favor del sha.

Por la tarde Zahedi salió de su escondrijo. El sha volvió del exilio. Mossadegh dio con sus huesos en la cárcel. Los líderes del Tudeh fueron asesinados.

Los Estados Unidos por supuesto nunca reconocieron el papel que la CIA había desempeñado en aquellos acontecimientos. Dentro de lo que cabe, quien más habló acerca del tema fue el propio Dulles cuando, al abandonar la CIA en 1962, apareció en un programa de televisión de la CBS. A la pregunta de si era verdad que «la CIA había gastado millones de dólares para reclutar a personas que se manifestasen en las calles y para otras acciones dirigidas a derrocar a

Mossadegh», Dulles constestó: «OK, sólo puedo decir que es del todo falsa la afirmación de que gastamos mucho dinero para conseguir este objetivo.»

Libro 2

Dos reporteros franceses, Claire Brière y Pierre Blanchet, escriben en su libro *Iran: la révolution au nom de Dieu,* (París, 1979):

«Roosevelt llega a la conclusión de que ya es hora de lanzar al ataque las divisiones de Sha'ban Bi-moj, llamado también "Sha'ban el Sincerebro", jefe de un *gang* de malhechores teheraníes y maestro en Zour Khan, versión iraní de la lucha libre. Sha'ban puede reunir a trescientos o cuatrocientos amigos que saben golpear y, en caso de necesidad, también disparar. Aunque para ello, claro está, deberían disponer de armas de fuego. El nuevo embajador de Estados Unidos, Loy Henderson, se dirige al banco Melli, de donde saca fajos de dólares con los que llenará su coche. Cuatrocientos mil dólares, según dicen. A continuación los cambia en rials.

»El 19 de agosto pequeños grupos de iraníes (se trata de la gente de "Sincerebro") que exhiben billetes de banco exhortan a la gente a gritar "¡Viva el sha!". Quienes obedecen, reciben diez rials. Alrededor del Parlamento empiezan a formarse grupos de personas cada vez más numerosos que acaban convirtiéndose en una manifestación que vocifera "¡Viva el sha!" La multitud sigue aumentando; unos profieren vivas al sha, otros, a Mossadegh.

»Pero, en un momento dado, aparecen tanques que atacan a quienes se manifiestan en contra del sha: Zahedi hace acto de presencia. Los cañones y las ametralladoras disparan sobre la multitud. Sobre el terreno quedarán doscientos muertos y más de quinientos heridos. A las cuatro de la madrugada, cuando todo haya concluido, Zahedi telegrafiará al sha para decirle que puede regresar.

»El 26 de octubre de 1953 Teymur Bajtiar es nombrado gobernador militar de Teherán. Cruel y despiadado, pronto recibirá el apodo de "Asesino". Su ocupación principal consiste en perseguir a los partidarios de Mossadegh que han conseguido ocultarse. Vacía la

47

cárcel de Qasr de todos los criminales. Tanques y carros blindados la vigilan mientras camiones militares traen sin interrupción a los detenidos. Partidarios de Mossadegh, ministros, oficiales sospechosos y militantes del Tudeh son interrogados y torturados. El patio de la prisión es escenario de centenares de ejecuciones.

»La memoria de los iraníes conserva la fecha del golpe –el 19 de agosto de 1953– como el día de la verdadera subida al trono del sha Reza Pahleví, una subida acompañada de sangre y de tremendas represalias.»

Casete 1

Sí, por supuesto, puede usted grabar. Esto ya no es un tema prohibido. Antes, sí. ¿Sabe usted que durante veinticinco años no se podía pronunciar su nombre en público? ¿Que la palabra Mossadegh fue borrada de todos los libros, de todos los manuales? Y, sin embargo, imagínese, los jóvenes de ahora, de quienes se podría esperar que no supiesen nada de él, han desafiado la muerte llevando su retrato. Aquí tiene usted la mejor prueba de a qué conduce ese borrar nombres y todo ese intento de modificar la historia. Pero el sha no lo comprendió. No comprendió que destruir a un hombre no significaba que éste dejara de existir, que, por el contrario, su existencia se haría cada vez más presente, si puedo expresarme así. Es una de tantas paradojas que ningún déspota puede superar. Así, cuando se da un golpe de guadaña, la hierba vuelve a crecer; y basta que se dé otro para que la hierba crezca más aún y sea más alta que nunca. Consoladora ley de la naturaleza. ¡Mossadegh! Los ingleses lo llamaban familiarmente Old Mossy, y a pesar de que estaban furiosos con él, le tenían cierto respeto. Ni uno solo disparó en su dirección. Para eso hizo falta llamar a nuestros propios canallas uniformados. ¡Tardaron bien pocos días en establecer su orden! A Mossy le cayeron tres años de cárcel y cinco mil hombres murieron frente al paredón o en la calle. He ahí el precio por salvar el trono. Una rentrée sucia, triste y sangrienta. Pregunta usted si Mossadegh tuvo que perder. Pues bien: él no perdió sino que ganó. No puede usted medir a hombres como él con el rasero de su cargo sino con el de la historia, que son cosas muy distintas. Ciertamente, a un hombre así se le puede arrebatar el cargo, pero nadie le arrebatará su lugar en la historia, porque nadie será capaz de borrarlo de la memoria de las gentes. La memoria es una propiedad privada a la que ningún poder tiene acceso. Mossy decía que la tierra que pisamos es nuestra y que todo lo que hay en ella también lo es. En este país nadie lo había expresado de esta manera antes que él. También dijo: «Que todos digan lo que piensan, que todos hagan uso de la palabra; quiero oír vuestros pensamientos.» Fíjese, después de dos milenios y medio de despótico envilecimiento, hizo ver al hombre iraní que era un ser pensante. ¡Esto no lo había hecho nunca ningún soberano! Todo lo que dijo Mossy ha sido archivado en la memoria, se ha asentado en la mente de las personas y allí sigue viviendo hasta hoy. Las palabras que recordamos siempre con más facilidad son las que nos han abierto los ojos. Y precisamente aquéllas eran unas palabras así. ¿Acaso puede alguien decir que no llevaba razón en lo que pregonaba y hacía? Ninguna persona honrada expresará opinión semejante. Hoy todos dirán que tenía razón, sólo que el problema consistió en que la tuvo demasiado pronto. No puede uno tener razón demasiado pronto porque, en tal caso, arriesgará su carrera o, a veces, su propia vida. Toda razón tarda mucho en madurar y entretanto la gente sufre o anda a tientas. Pero de repente aparece un hombre que pregona tal razón antes de que ésta haya madurado, antes de que se haya convertido en una verdad de todos y entonces se levantan contra semejante hereje las fuerzas que ostentan el poder y lo lanzan a una hoguera, o bien lo arrojan a una mazmorra o lo ahorcan porque amenaza sus intereses o porque enturbia su paz. Mossy combatió la dictadura de la monarquía y la dependencia del país. Hoy las monarquías caen una tras otra y la dependencia tiene que ocultarse tras mil máscaras pues despierta un enorme número de protestas. Pero él se pronunció en ese sentido hace treinta años, cuando aquí nadie se había atrevido a decir estas cosas tan evidentes. Yo lo vi dos semanas antes de su muerte. ¿Cuándo? Debió de ser en febrero del sesenta y siete. Los últimos diez años de vida los pasó bajo arresto domiciliario en una pequeña finca en las afueras de Teherán. Por supuesto estaba prohibido entrar allí; la policía vigilaba toda la zona. Sin embargo, ya me entiende usted, en este país todo se puede arreglar teniendo dinero y buenos contactos. El dinero es capaz de convertir cualquier cosa en una goma muy elástica. Mossy debía de tener entonces casi noventa años. Creo que aguantó tanto porque con todas sus fuerzas deseaba llegar a vivir el momento en el que la vida le concedería la razón. Era un hombre duro y difícil para muchos porque nunca quiso ceder. Pero las personas como él no saben y, más aún, no deben ceder. Hasta el final conservó una mente despejada y se daba cuenta de todo. Sólo que andaba con dificultad apoyándose en un bastón. Se paraba a menudo y se tumbaba en el suelo para descansar. Los policías que lo vigilaban dijeron más tarde que una mañana se tumbó para descansar como de costumbre pero que tardaba mucho en levantarse y, cuando se le acercaron, vieron que estaba muerto.

Nota 2

El petróleo suscita grandes emociones y grandes pasiones, porque el petróleo es sobre todo una gran tentación. Es una tentación de enormes sumas de dinero fácil, de riqueza y fuerza, de fortuna y poder. Es un líquido sucio y apestoso que brota alegre hacia lo alto para luego caer sobre la tierra en forma de lluvia de hermosos billetes. El que haya encontrado y hecho suya una fuente de petróleo se siente como alguien que, tras un largo caminar bajo la tierra, encuentra de repente un tesoro real. No sólo se ha convertido en rico, sino que además se convence de una manera un tanto mística de que alguna fuerza superior lo ha elegido para elevarlo generosamente por encima de los demás y lo ha hecho su favorito. Se han conservado muchas fotografías que retienen el momento de la primera salida del petróleo de un pozo: la gente da saltos de alegría, se abraza con efusión, llora. Sería muy difícil imaginarse a un obrero volviéndose eufórico por colocar el tornillo mil en una cinta de montaje o a un campesino, agotado de tanto trabajar, saltando de júbilo mientras camina tras el arado. Y es que el petróleo crea la ilusión de una vida completamente diferente, una vida sin esfuerzo, una vida gratis. El petróleo es una materia que envenena las ideas, que enturbia la vista, que corrompe. La gente de un país pobre deambula pensando: ¡Ay, Dios, si tuviéramos petróleo...! La idea del petróleo refleja a la perfección el eterno sueño humano de la riqueza lograda gracias a un azar, a un golpe de suerte, y no a costa de esfuerzo y de sudar sangre. Visto en este sentido, el petróleo es un cuento y, como todos los cuentos, una mentira. El petróleo llena al hombre de tal vanidad que éste empieza a creer que fácilmente puede destruir ese factor tan resistente y reacio que se llama tiempo. Teniendo el petróleo, solía decir el último sha, en el período de una generación ¡crearé otra América! No la creó. El petróleo es fuerte pero también tiene sus puntos débiles: no sustituye a la necesidad de pensar, tampoco sustituye a la sabiduría. Una de las cualidades más tentadoras del petróleo y que más atrae a los poderosos es que refuerza el poder. El petróleo da grandes ganancias y, al mismo tiempo, no crea graves conflictos sociales porque no genera grandes masas de proletariado ni tampoco importantes capas de burguesía, con lo cual un gobierno no tiene que compartir las ganancias con nadie y puede disponer de ellas libremente, de acuerdo con sus ideas o como le dé la gana. Fijémonos en los ministros de los países productores de petróleo: qué alta llevan la cabeza, qué sensación de poder tienen; ellos, los lores energéticos, serán los que decidan si mañana iremos en coche o tendremos que ir a pie. ¿Y la relación entre el petróleo y la mezquita? Cuánto brillo, cuánta vida e importancia dio esta riqueza a su religión, al islam, que está viviendo una época de expansión sin par, ganando cada día nuevas multitudes de fieles.

Nota 3

Se comenta que lo que le ha pasado al sha es en realidad algo muy iraní. Desde los tiempos más remotos los reinados de todos los emperadores persas han acabado de manera lamentable e ignominiosa. O bien han muerto decapitados o bien con un cuchillo en la espalda o bien –los más afortunados– hubieron de huir del país para ir a morir en el exilio, abandonados y olvidados. No recuerda, aunque quizás haya habido excepciones, a ningún sha que falleciera en el trono de muerte natural y que exhalara su último suspiro rodeado de respeto y amor. No recuerda que el pueblo llorara la muerte de ninguno y lo acompañara a la tumba con lágrimas en los ojos. Durante nuestro siglo todos ellos, y fueron varios, perdieron la corona y la vida en circunstancias personales muy dolorosas. El pueblo los consideraba crueles y los acusaba de infames. Cuando se iban, lo hacían acompañados de los insultos y las maldiciones de las multitudes, y la noticia de sus muertes se convertía en una fiesta llena de alegría.

(Le digo que nosotros nunca comprenderemos estas cosas porque nos separa una profunda diferencia de tradiciones. La nómina de nuestros reyes se compone mayoritariamente de hombres sin sed de sangre, que dejaron tras sí un buen recuerdo. Uno de los reyes de Polonia empezó gobernando a un país de madera y lo dejó convertido en un país de piedra y cemento, otro pregonó el principio de la tolerancia y no permitió que se encendiesen hogueras, un tercero nos salvó de la invasión de los bárbaros. Tuvimos un rey que premiaba a los sabios y también uno que era amigo de los poetas. Incluso los sobrenombres que se les daban –el Renovador, el Generoso, el Justo, el Piadoso– dan buena cuenta de que se pensaba en ellos con reconocimiento y simpatía. Por eso en mi país, cuando la gente oye que algún monarca ha tenido que correr un cruel destino, por reflejo vierte sobre él sentimientos nacidos de una tradición y de una experiencia totalmente diferentes y brinda al soberano castigado el mismo afecto con que recordamos a nuestros Renovadores y Justos, pensando para sus adentros: ¡cuán pobre debe de ser ese hombre al que han arrancado la corona de manera tan despiadada!)

Se muestra de acuerdo; en efecto, es muy difícil comprender que en alguna otra parte las cosas puedan resultar diferentes y que el asesinato de una monarca pueda ser considerado por el pueblo como la mejor solución, incluso como una solución enviada por el mismísimo Dios. También es cierto que hemos tenido shas formidables como Ciro y Abbas, pero eso fue en tiempos verdaderamente remotos. Nuestras dos últimas dinastías, para conseguir el trono o mantenerse en él, derramaron mucha sangre inocente. Imagínate a un sha, el que se llamó Aga Mohammad Jan, que luchando por el trono ordena matar o dejar ciegos a todos los habitantes de la ciudad de Kerman.

No admite excepción alguna y sus pretorianos se disponen afanosos a cumplir la orden. Colocan a los habitantes en hileras, les cortan la cabeza a los mayores y les arrancan los ojos a los niños. Sin embargo, al final, a pesar de los descansos reglamentarios, los pretorianos se sienten ya tan agotados que no tienen fuerzas para sostener sus espadas y cuchillos. Y sólo gracias al cansancio de los verdugos una parte de la población salva la vida y los ojos. Más tarde, de esta ciudad salen procesiones de niños ciegos. Recorren Irán, pero algunas veces pierden el camino en el desierto y mueren de sed. Otros grupos sí consiguen llegar a lugares habitados, y allí piden comida al tiempo que entonan cantos sobre la matanza de la ciudad de Kerman. En aquellos años las noticias corren despacio, por lo que las gentes que encuentran se sorprenden al oír a aquellos coros de ciegos descalzos que cantan la terrible historia de espadas que caen cortando el aire sobre miles de cabezas. Preguntan qué crimen había cometido la ciudad para merecer a los ojos del sha un castigo tan severo. A esto los niños responden cantando la historia de aquel crimen suyo, que no es otro sino el que sus padres hayan dado refugio al sha anterior, cosa que el nuevo sha no pudo perdonarles. Por doquier la aparición de una procesión de niños ciegos despierta sentimientos de compasión y la gente no les niega la comida aunque tenga que alimentar a esos grupos de extraños viajeros con discreción o incluso a escondidas, pues los pequeños ciegos han sido castigados y marcados por el sha, así que forman una especie de oposición errante y cualquier apoyo a la oposición es un delito de suma gravedad. Paso a paso engrasan estas procesiones otros niños, que sirven de guías a sus compañeros ciegos. A partir de ese momento peregrinan juntos en busca de comida y de un refugio frente al frío, llevando a las aldeas más remotas la historia del exterminio de la ciudad de Kerman.

Son éstas, dice, las historias siniestras y crueles que conservamos en nuestra memoria. Los shas conseguían el trono por la fuerza, subían hasta él sobre montones de cadáveres, en medio de los llantos de las madres y de los gemidos de los moribundos. A menudo la cuestión sucesoria se resolvía en capitales lejanas y el nuevo pretendiente a la corona entraba en Teherán con los codos sostenidos, de un lado, por el embajador británico y, de otro, por el ruso. Esos shas eran tratados como usurpadores y ocupantes y, conociendo la tradición, se puede comprender por qué los mulás consiguieron fomentar tantas sublevaciones contra ellos. Los mulás decían: el que ocupa el palacio es un extraño que obedece a potencias extranjeras. El que se sienta en el trono es la causa de vuestras desgracias, amasa una fortuna a costa vuestra y vende el país. La gente creía a los mulás porque sus palabras le sonaban a verdades evidentes. Con esto no quiero decir que los mulás fuesen unos santos, ¡no, de ninguna manera! Muchas fuerzas oscuras se agazapaban en las sombras de las mezquitas. Pero los abusos de poder y las ilegalidades de palacio hacían de los mulás heraldos de la causa nacional.

Vuelve ahora al destino que corrió el último sha. Estando en Roma, durante los pocos días de su exilio, se dio cuenta de que podía perder el trono para siempre y engrosar el pintoresco ejército de los soberanos errantes. Tal reflexión aclara sus ideas. Quiere abandonar la vida de placeres y diversión. (Más tarde el sha escribirá en su libro que en Roma se le apareció mientras dormía el bendito Alí diciéndole: regresa a tu país para salvar al pueblo.) Ahora se despiertan en él grandes ambiciones y el deseo de demostrar su fuerza y su poder. También este rasgo, dice, es muy iraní. Un iraní jamás cederá ante otro; cada uno de ellos está convencido de su superioridad, quiere ser el primero y el más importante, quiere imponer su *yo* exclusivo. *¡Yo! ¡Yo! Yo* lo sé mejor, *yo* tengo más, *yo* lo puedo todo. El mundo empieza donde estoy *yo* y *yo* soy todo el mundo. *¡Yo! ¡Yo!* (Quiere demostrármelo: se levanta, alza la cabeza, me mira desde arriba y en esta mirada aparece toda la soberbia y todo el altivo orgullo oriental.) Un grupo de iraníes enseguida se ordenará de acuerdo con el principio de jerarquía. Yo voy primero, tú segundo, y tú, detrás, en tercer lugar. El segundo y el tercero, lejos de conformarse con su puesto, enseguida se pondrán a intrigar y a maniobrar para ocupar el lugar del primero. Y el primero debe atrincherarse bien para no ser arrojado de la cumbre.

¡Atrincherarse y apostar las ametralladoras!

Normas similares rigen la familia. Porque yo tengo que ser superior, la mujer ha de ser inferior. Fuera de casa puedo no ser nadie pero bajo el techo propio me desquito: aquí lo soy todo. Aquí mi poder es total y la fuerza y el radio de acción se miden por el número de hijos. Es bueno tener muchos, pues hay ante quién ejercer el poder; el hombre se convierte en el único soberano del Estado que es su propia casa, infunde respeto y causa admiración, decide sobre el destino de sus súbditos, resuelve los litigios, impone su voluntad: reina. (Me mira para comprobar la impresión que me han causado sus últimas palabras. Yo protesto enérgicamente. Me niego a aceptar tales estereotipos. Conozco a muchos de sus compatriotas, modestos y amables, y nunca he percibido que me tratasen como a un ser inferior.) Todo eso es cierto, admite, pero es porque no constituyes para nosotros amenaza alguna. No participas en nuestro juego, que consiste en colocar lo más alto posible el *yo* propio. Por culpa de este juego nunca se ha podido crear un partido sólido, pues enseguida han surgido disputas por el puesto dirigente; cada uno ha preferido fundar su propio partido. Ahora, a la vuelta de Roma, también el sha entra con toda tenacidad en el juego por el *yo* superior.

Ante todo, prosigue, intenta borrar la mancha de ignominia que salpica su imagen, pues en nuestra cultura tener tal imagen es un gran deshonor. ¡Un monarca, el padre de una nación, que en el momento más crítico huye del país y se dedica a ir de tiendas para comprarle joyas a su mujer! ¡Inadmisible! De algún modo tiene que borrar esa impresión. Por eso, cuando Zahedi le telegrafía informándole de que los tanques han cumplido su cometido y lo insta a regresar asegurando que el peligro ha pasado, el sha se detiene en Irak para fotografiarse allí con una mano apoyada en la tumba del califa Alí, patrón de los chiíes. Sí, es nuestro santo quien lo envía de vuelta al trono, quien le da su bendición.

Un gesto religioso es ese toque con el que se puede caer en gracia a nuestro pueblo.

Así que regresa nuestro sha, pero sigue sin haber paz en el país. Los estudiantes hacen huelga, la calle se manifiesta, hay tiroteos y entierros. En el seno del ejército afloran conflictos, complots y conspiraciones. El sha tiene miedo a salir de palacio: demasiada gente quiere su cabeza. Vive rodeado de familiares, cortesanos y generales. Una vez apartado Mossadegh, Washington empieza a enviar grandes sumas de dinero; la mitad de este capital lo destina el sha al ejército;

cada vez apostará más por el ejército, se rodeará de él. (Por lo demás, del mismo modo actúan los soberanos de monarquías que existen en países como el Irán. Estas monarquías no son más que una forma de dictadura militar cubierta de oro y diamantes.) Así que los soldados disponen en lo sucesivo de carne y pan. No olvides la miseria en que vive nuestra gente y cuánto significa que un soldado pueda comer carne y pan y hasta qué punto esto lo eleva por encima de los demás.

Por aquellos días se veían niños de enormes e inflados vientres: se alimentaban de hierba.

Recuerdo a un hombre que con un pitillo le quemaba los párpados a un hijo suyo. Una cara con los ojos hinchados y llenos de pus tiene un aspecto terrible. Aquel mismo hombre se untaba una mano con algún ungüento que se la ponía negra e hinchada. De esta manera pensaba causar lástima y conseguir que alguien les diera de comer.

El único juguete de mi infancia fueron las piedras. Arrastraba una piedra con una cuerda y era entonces un caballo, y la piedra, la carroza dorada del sha.

A partir de aquel momento, dice al cabo de un rato, habrían de transcurrir veinticinco años durante los cuales el sha se dedicaría a reforzar su poder. Los comienzos le resultaron difíciles, y pocos son los que creyeron que se mantendría mucho tiempo. Los americanos le han salvado el trono pero aún no están seguros de haber optado por la elección más idónea. El sha intenta acercarse lo más posible a ellos pues necesita su apoyo; no se siente fuerte en su propio país. Constantemente viaja a Washington, donde permanece semanas enteras; negocia, intenta convencer y ofrece garantías. Pero también viajan otros que también ofrecen garantías. Empieza por parte de nuestra élite la gran carrera hacia América, la subasta de ofertas y garantías, la venta del país.

Ya tenemos un Estado policiaco: se crea la Savak. Será su primer jefe un tío de Soraya, el general Bajtiar. Con el tiempo el sha empezará a temer que el tío, que es un hombre fuerte y decidido, dé el golpe y le arrebate el poder. Por eso no tarda en destituirlo y ordenar que lo maten a tiros.

Un clima de sospecha, miedo y terror se extiende sobre el país. No hay paz; huele a pólvora y a revolución. En Irán nunca hay paz; sombríos nubarrones planean sin cesar sobre él.

Nota 4

El presidente Kennedy anima al sha a que introduzca reformas. Kennedy insta al monarca, y a otros dictadores amigos, a que modernicen y reformen sus países, porque en caso de no hacerlo podrían correr el destino de Fulgencio Batista (en esa época –1961– los Estados Unidos viven aún la reciente conmoción que les produjo la victoria de Fidel Castro y no desean que situaciones similares se repitan en otros países). Kennedy opina que se puede evitar tan desagradable perspectiva si los dictadores introducen ciertas reformas y ceden ante algunas reivindicaciones, con lo cual dejarían sin argumentos a los agitadores que incitan a la revolución roja.

En respuesta a las exhortaciones y a los intentos de persuasión por parte de Washington, el sha declara su propia Revolución Blanca. Cabe suponer que vislumbraría importantes ventajas para él mismo en la idea del presidente de los Estados Unidos. Por eso se propuso la consecución de un doble objetivo (inalcanzable, por desgracia); a saber: reforzar su poder y aumentar su popularidad.

El sha pertenecía a esa clase de personas para las que los elogios, el halago, la admiración y el aplauso generalizados constituyen una necesidad vital, un medio indispensable para reforzar sus naturalezas débiles e inseguras, pero a la vez vanidosas. No pueden existir ni actuar sin esa ola que constantemente los mantiene en lo alto. El monarca iraní no puede vivir sin leer todo el tiempo las mejores palabras que sobre él se han escrito, sin ver su fotografía en la primera página de los periódicos, en la pantalla del televisor e incluso en las cubiertas de las libretas escolares. Debe contemplar siempre caras radiantes de alegría al verlo, oír incesantemente palabras de reconocimiento y admiración. Sufre o se enfurece si en esta hosanna (que debe resonar en todo el mundo) distingue alguna nota que molesta a su oído; la recuerda durante años. Esta debilidad suya es conocida de toda la corte y por eso sus embajadores se ocupan principalmente en acallar toda palabra de crítica por más suave que sea, incluso si ésta suena en países tan poco importantes como Togo o El Salvador, o se pronuncia en lenguas tan inaccesibles como el zandi o el oromo. La protesta, la indignación, la ruptura de relaciones y contactos son la consecuencia inmediata. Ese incansable y hasta obsesivo perseguir por todo el mundo a los escépticos hizo que ese mismo mundo (salvo raras excepciones) no supiese nada de lo que realmente sucedía en Irán, porque este país tan difícil, tan dolorido, tan dramático y ensangrentado, le había sido presentado en forma de tarta de cumpleaños adornada con nata de color rosa. Tal vez actuara en todo esto un mecanismo de compensación: el sha buscaba en el mundo lo que no conseguía encontrar en su propio país, o sea el reconocimiento y el aplauso. No era popular ni tampoco estaba rodeado de calor. Y de alguna manera debía percibirlo.

He aquí, empero, que se le presenta la oportunidad de ganarse a los campesinos declarando la reforma agraria y dándoles tierras. Pero tierras ¿de quién? Los latifundios pertenecen al sha, a los señores feudales y al clero. Si los señores feudales y el clero pierden la tierra se debilitará mucho el poder local que detentan. Así, en el campo el Estado saldrá reforzado y con él afianzada la figura del propio sha. Qué sencillo. Pero nada es sencillo en lo que él hace. Sus actos se caracterizan por dos cosas: la primera consiste en que son turbios y sinuosos, y la segunda, en que nunca están del todo analizados, que siempre se quedan a medio camino. Resulta que los señores feudales deben entregar tierras, pero que la medida sólo afecta a una parte de ellos así como a una parte de las tierras (y todo generosamente indemnizado), y que reciben tierras los campesinos, pero sólo algunos de ellos, precisamente aquellos que ya tienen (la mayoría del campesinado, a todo esto, no posee nada).

El sha empieza por dar ejemplo él mismo entregando sus fincas. Viaja por el país y regala actas de propiedad a los campesinos. Lo vemos en fotografías donde, bienhechor, sostiene en los brazos un montón de rollos de papel (las mencionadas actas de propiedad) mientras los campesinos, de rodillas, besan sus botas.

No obstante, pronto estallará el escándalo.

Resulta que su padre, aprovechándose del poder, se había adueñado de no pocas fincas pertenecientes a los señores feudales y al clero. Tras la salida del padre, el Parlamento había aprobado una ley según la cual las tierras que Reza Jan hubiera adquirido de forma ilegal debían ser restituidas a sus propietarios. Y ahora su hijo entregaba como propias unas tierras que, al fin y al cabo, tenían propietarios legítimos y, para más escarnio, en la operación se hacía con fabulosas sumas de dinero declarándose al mismo tiempo gran reformador.

Y si sólo fuera eso..., pero no. El sha, mesías del progreso, quita tierras a las mezquitas. Al fin y al cabo hay una reforma y todos deben sacrificar algo para mejorar la vida de los campesinos. Los musulmanes piadosos, siguiendo las reglas del Corán, llevan años legando parte de sus propiedades a las mezquitas. Las fincas que pertenecen a las mezquitas son enormes y está muy bien que el sha haya pensado en desplumar a los mulás para mejorar la vida de los misérrimos campesinos. Pero, desgraciadamente, pronto salta a la opinión pública un nuevo escándalo. Resulta que las tierras confiscadas al clero bajo los altisonantes lemas de la reforma el monarca las regala a sus más allegados: a los generales, a los coroneles y a la camarilla de la corte. Cuando la noticia llega a oídos de la gente, provoca tal indignación que bastaría una simple señal para que estalle una revolución más.

Nota 5

Cualquier pretexto, dice, era bueno para manifestar oposición al sha. La gente quería deshacerse de él y por eso medía sus fuerzas cada vez que se presentaba una oportunidad. Así que, al ver claro su juego, reaccionó con gran indignación. Todos comprendieron que quería reforzar su posición y, con ello, la dictadura, y no podían permitirlo. Comprendieron que la Revolución Blanca les había sido impuesta desde arriba y que no tenía otro objetivo que el político, exclusivamente provechoso para el sha. Todo el mundo dirigía ahora la mirada hacia Qom. A lo largo de nuestra historia cada vez que brotaba el descontento o surgía una crisis la gente aguzaba el oído a lo que Qom iba a decirle. Siempre partía de allí la primera señal. Qom entero estaba ya en ebullición.

Y es que había surgido una cuestión más. En aquella época el sha concedió inmunidad diplomática a todos los militares norteamericanos y a sus familias. Nuestro ejército contaba ya entonces con numerosos expertos americanos. Ante esto los mulás hicieron oír su voz manifestando que tal inmunidad era contraria al principio de autodeterminación. Entonces fue cuando Irán escuchó por vez primera la voz del ayatolá Jomeini. Hasta ese momento no lo conocía nadie, quiero decir, nadie que no fuera de Qom. Por aquella fechas contaba ya con más de sesenta años y, dada la diferencia de edad, podía ser padre del sha. Más adelante se le dirigiría no pocas veces llamándole «hijo», pero esta palabra, como es obvio, sonaba en sus labios llena de sarcasmo y de ira. Jomeini se opuso al sha en los términos más duros e implacables. «¡Gentes –exclamaba–, no le creáis, él no es de los nuestros! No piensa en vosotros sino en él mismo y en los que le dan órdenes. ¡Está vendiendo nuestro país, nos está vendiendo a todos! *¡El sha debe marcharse!*»

La policía detiene a Jomeini. En Qom empiezan las manifestaciones. El pueblo exige su liberación. Luego se alzan otras ciudades: Teherán, Tabriz, Meshed, Isfahán. Entonces es cuando el sha saca el ejército a la calle. Comienza la gran carnicería (se pone en pie, estira los brazos hacia adelante y aprieta las manos como si estuviera entre ellas la culata de una metralleta. Entorna el ojo derecho y lanza un *ratatatá* que imita el ruido característico del arma). Era junio de 1963, dice. La sublevación duró cinco meses. La dirigieron los demócratas del partido de Mossadegh y los religiosos. Casi veinte mil bajas entre muertos y heridos. Después siguió durante varios años un silencio mortal aunque nunca completo; siempre hubo alguna que otra rebelión o lucha. Jomeini es expulsado del país y se instala en Irak, en Nadzjef, la ciudad más importante para los chiíes, allí donde está la tumba del califa Alí.

Ahora me estoy planteando una cuestión: en realidad, ¿qué fue lo que «creó» a Jomeini? Al fin y al cabo en aquella época había muchos ayatolás más importantes y más conocidos que Jomeini, así como no pocos políticos destacados contrarios al sha. Todos escribíamos notas de protesta, manifiestos, cartas y memoriales. Los leían un pequeño grupo de intelectuales; primero, porque no se podían imprimir legalmente y, segundo, porque la mayoría de la sociedad no sabía leer. Criticábamos al sha, hablábamos del deterioro en que estaba sumido el país, exigíamos cambios y reformas, pedíamos democracia y justicia. A nadie se le ocurrió actuar como lo hizo Jomeini, a saber: rechazar todas esas formas escritas, las peticiones, resoluciones y postulados. Rechazar todo eso, ponerse ante la gente y exclamar: *¡El sha debe marcharse!*

En realidad eso fue todo lo que dijo en aquella ocasión y lo que repitió durante los quince años siguientes. Una cosa de lo más sencilla para que todos y cada uno la pudieran recordar, aunque hicieron falta quince años para que todos pudieran también comprenderla, pues la institución monárquica era algo tan natural como el aire que respiraban y nadie sabía imaginarse la vida sin ella.

¡El sha debe marcharse!

No discutáis, no gastéis saliva, no arregléis nada, nada salvéis. Todo eso carece de sentido, nada cambiará, es un esfuerzo inútil, una ilusión. Tan sólo podremos seguir sobre los escombros de la monarquía; no existe otro camino.

¡El sha debe marcharse!

No esperéis, no os detengáis, no os durmáis.

¡El sha debe marcharse!

Cuando lo dijo por primera vez, sonó como el grito de un maníaco, de un loco. La monarquía aún no había agotado todos sus recursos de permanencia. Sin embargo, la función se estaba acercando poco a poco hacia su desenlace; el epílogo no tardaría en hacerse inminente. Entonces todo el mundo recordó lo que había dicho Jomeini y lo siguió.

Fotografía 8

Esta fotografía muestra un grupo de personas que están esperando el autobús en una parada de una de las calles de Teherán. En todas partes los que esperan el autobús se parecen, es decir, tienen la mis-

61

ma expresión en la cara, apática y cansada, la misma actitud entumecida y de derrota, la misma mirada, abúlica y apagada. El hombre que hace algún tiempo me dio esta fotografía me preguntó si veía en ella algo especial. No, contesté después de reflexionar un rato, no veo nada de particular. A eso dijo que la foto había sido sacada desde un lugar oculto, desde una ventana al otro lado de la calle. Debía fijarme, me dijo mostrándome la fotografía, en el individuo (aspecto de modesto oficinista, nada que lo distinguiera de los demás) que, colocado junto a tres hombres que están hablando, mantiene el oído dirigido hacia ellos. Ese individuo era de la Savak y siempre hacía guardia en aquella parada: espiaba a la gente que, esperando el autobús, charlaba de cosas intranscendentes. El contenido de estas conversaciones siempre era trivial. La gente sólo podía hablar de cosas insignificantes, pero incluso al tratar asuntos insignificantes había que elegir el tema de tal manera que la policía no encontrara en él ninguna alusión significativa. La Savak era sensible a todas las alusiones. Un calurosísimo mediodía llegó a la parada un anciano enfermo de corazón y dijo suspirando profundamente: «Qué agobio, no se puede respirar.» «Sí, es verdad –siguió el savakista de guardia, acercándose al recién llegado–, el tiempo se vuelve cada vez más sofocante, a la gente le falta aire.» «Ciertamente –prosiguió el ingenuo anciano llevándose la mano al corazón– ¡este aire es tan pesado, este terrible bochorno!» En ese momento el savakista se puso rígido y dijo en tono seco: «Enseguida recuperará usted las fuerzas.» Y sin añadir palabra se lo llevó al calabozo. La gente de la parada presenciaba la escena con horror porque desde el principio se había dado cuenta de que el anciano enfermo cometía un error imperdonable al usar la palabra sofocante al conversar con un extraño. La experiencia les había enseñado que debían evitar pronunciar en voz alta palabras como *agobio, oscuridad, peso, abismo, trampilla, ciénaga, descomposición, jaula, rejas, cadena, mordaza, porra, bota, mentira, tornillo, bolsillo, pata, locura,* y también verbos como *tumbarse, asustarse, plantarse, perder (la cabeza), desfallecer, debilitarse, quedarse ciego, sordo, hundirse,* e incluso expresiones (que comienzan por el pronombre *algo)* como *algo no cuadra, algo no encaja, algo va mal, algo se romperá,* porque todos estos sustantivos, verbos, adjetivos y pronombres podrían constituir una alusión al régimen del sha, por tanto eran un campo semántico minado que bastaba pisar para saltar por los aires. Por unos instantes (pero pocos) la duda asaltó a la gente de la parada: ¿no sería el enfermo también un savakista?, porque ¿el que hubiera criticado al régimen (ya que en la conversación había usado la palabra sofocante) no querría decir que tuviese permiso para criticar? Si no estuviese autorizado a hacerlo, se habría quedado callado o hubiese hablado de cosas agradables, por ejemplo de que hacía sol o que el autobús iba a llegar de un momento a otro. Y ¿quién tenía derecho a criticar? Sólo los de la Savak, que de ese modo provocaban a los incautos charlantes para después llevárselos a la cárcel. El miedo omnipresente trastornó muchas cabezas y despertó tales sospechas que la gente dejó de creer en la honestidad, en la pureza y en la valentía de los demás. A pesar de considerarse honrada, no se atrevía a expresar ninguna opinión, formular ninguna acusación; sabía el implacable castigo que le esperaba por semejantes delitos. Así que, si alguien atacaba o condenaba la monarquía, se pensaba de él que debía estar protegido por un privilegio especial y que actuaba con malas intenciones, que quería descubrir a quien le diera la razón para después destruirlo. Cuanto más aguda y acertada era la expresión de sus opiniones, tanto más sospechoso parecía y tanto más decididamente se apartaban de él, avisando a los suyos: «Tened cuidado, es un elemento sospechoso, se comporta con demasiada osadía.» De esta manera triunfaba el miedo que condenaba de antemano a la sospecha y a la desconfianza de quienes, actuando llevados por las mejores intenciones, querían oponerse al terror del poder; producía en las mentes tal degeneración que cualquiera veía la trampa en el atrevimiento y la colaboración en el valor. Pero aquella vez, al ver la manera tan brutal en que llevaba el savakista a su víctima, las personas de la parada consideraron que aquel hombre no podía estar ligado a la policía. Al poco tiempo ambos desaparecieron de su vista, pero la pregunta ¿adónde han ido? tuvo que quedar sin respuesta, pues nadie sabía realmente en qué sitio estaba la Savak. La Savak no tenía ningún cuartel general, estaba diseminada por toda la ciudad (y por todo el país), estaba en todas partes y en ninguna. Ocupaba edificios, villas y pisos que no llamaban la atención de nadie, que no llevaban letrero alguno o lo llevaban de firmas e instituciones inexistentes. Los números de teléfono sólo eran conocidos por los iniciados. La Savak tanto podía alquilar habitaciones en un bloque de pisos corriente como entrar en sus oficinas de investigación a través de una tienda, una lavandería o un bar nocturno. En esas condiciones todas las paredes podían tener oídos y todos los portales, puertas y postigos podían conducir a sus sedes. Quien cayese en manos de esta policía, desaparecería sin dejar rastro por mucho tiempo (o para siempre). Desaparecía de repente, nadie sabía qué le había ocurrido, dónde buscarlo, adónde dirigirse, a quién preguntar, a quién suplicar. Tal vez lo habían encerrado en una de las cárceles, pero ¿en cuál? Había seis mil. Habitualmente permanecían en ellas, según la oposición, cien mil presos políticos. Ante la gente se erguía un muro, invisible pero infranqueable, frente al cual permanecía desvalida, sin poder dar un paso hacia adelante. Irán era el país de la Savak, y, sin embargo, la Savak actuaba en él como una organización clandestina, aparecía y desaparecía, borraba sus huellas, no tenía dirección. Y, no obstante, algunas de sus células existían oficialmente. La Savak censuraba la prensa, los libros y las películas. (Fue la Savak, precisamente, quien prohibió representar a Shakespeare y a Molière porque sus obras criticaban los defectos de los monarcas.) La Savak gobernaba en los centros de enseñanza, en las oficinas y en las fábricas. Era un enorme monstruo que lo envolvía todo en sus redes, se deslizaba hasta los rincones más recónditos, en todas partes pegaba sus ventosas, fisgaba, husmeaba, rascaba, barrenaba. La Savak disponía de sesenta mil agentes. También tenía, según se calcula, tres millones de informadores, que denunciaban por causas diferentes: para ganar algo de dinero, para salvarse, para obtener trabajo o para conseguir un ascenso. La Savak compraba a la gente o la condenaba a torturas, le daba puestos de relevancia o la arrojaba a una mazmorra. Decía quién era el amigo y, por consiguiente, a quién había que eliminar. La sentencia no se podía revisar, no había modo alguno de recurrir contra ella. Sólo el sha podía salvar al condenado. La Savak sólo rendía cuentas al sha; los que se encontraban por debajo del monarca estaban totalmente indefensos ante la policía. Lo saben todos los reunidos en la parada y por eso, después de que el savakista y el enfermo desaparecieran, siguen callados. Se miran de reojo; nadie está seguro de que el de al lado no se vea obligado a denunciarlo. Tal vez acabe de tener una conversación en la que le hayan dicho que si en algún momento veía algo, si oía algo e informaba de ello, su hijo entraría en la universidad. O bien, que si notase u oyese algo, tacharían de su expediente la nota diciendo que estaba en la oposición. «Sin querer (a pesar de que algunos intentan disimularlo para no provocar un estallido de agresión), los de la parada se miran con asco y odio. Son proclives a reacciones neuróticas y exageradas. Algo les molesta, algo les huele mal, se distancian, están a la espera de ver quién será el primero que le eche el guante a otro, quién atacará antes. Esta mutua desconfianza es el resultado de la actividad de la Savak, que lleva años susurrando a todos los oídos que todos están en ella. «Éste, éste, ése y aquél. ¿Aquél también? ¿Aquél? Por supuesto que sí. ¡Todos!» Y, sin embargo, puede que los de la parada sean gentes honradas y que su agitación interior, que tienen que ocultar tras el silencio y la impasibilidad de sus rostros, haya surgido de que tan sólo un momento antes hubiesen sentido el violento coletazo del miedo, causado por ese roce tan directo con la Savak, y de que si sólo por un segundo les hubiese fallado el instinto y hubiesen iniciado una conversación sobre un tema ambiguo, digamos el pescado, por ejemplo, que con este calor el pescado se estropea rápidamente y que tiene la característica particular de que cuando el bicho empieza a estropearse lo hace desde la cabeza, la primera en oler es la cabeza, es ella la que más apesta y que hay que cortarla enseguida si se quiere salvar el resto, si hubiesen tocado inconscientemente un tema culinario de este tipo, habrían podido compartir el triste destino del hombre que se había llevado la mano al corazón. Pero de momento están a salvo, se han librado y siguen esperando en la parada secándose el sudor y aireando sus mojadas camisas.

Nota 6

El whisky tomado en pequeños sorbos en situación de clandestinidad (y realmente hay que ocultarse pues rige la ley seca impuesta por Jomeini) tiene, como toda fruta prohibida, un sabor especial, más atractivo. Y eso que en los vasos no hay más que cuatro miserables gotas de líquido; los anfitriones han sacado de un escondrijo la última botella y todos saben que no se podrá comprar ni una más en ningún sitio. En estos días se están muriendo los últimos alcohólicos que ha habido en este país. Al no poder comprar en ninguna parte una botella de aguardiente, ni de vino, ni de cerveza, se atiborran de todo tipo de disolventes que acaban con sus vidas.

Estamos sentados en la planta baja de un chalet pequeño pero cómodo y bien cuidado, y a través de una puerta corrediza de cristal vemos un reducido jardín y una tapia que lo separa de la calle. Esta tapia, de tres metros de altura, aumenta el territorio de lo íntimo; en cierto modo constituye una especie de pared de una casa exterior dentro de la cual hubiese sido construida una casa interior. La pareja de anfitriones tendrá unos cuarenta años; ambos hicieron la carrera en Teherán y trabajan en una agencia de viajes (de las que –teniendo en cuenta la notable afición de sus compatriotas a viajar– hay centenares aquí).

–Llevamos casados más de quince años –dice él, un hombre de pelo gris, ya entreverado por abundantes canas– y, sin embargo, ésta es la primera vez que hablamos de política mi mujer y yo. Antes nunca hemos tocado estos temas. La situación en otras casas, por lo menos en todas las que conozco, es parecida.

No, esto no quiere decir que no se tuvieran confianza. Tampoco que no se hubiesen puesto de acuerdo en un determinado momento. Se trataba, sencillamente, de un acuerdo implícito que ambos habían suscrito de manera casi inconsciente y que había surgido de un modo realista de la siguiente reflexión acerca de la naturaleza humana: nunca se puede saber cómo se comportará una persona en una situación límite. A qué puede verse forzada, a qué calumnia o a qué traición.

–La desgracia consiste –dice la dueña de la casa, cuyos grandes y brillantes ojos se ven con nitidez a pesar de la penumbra– en que nadie sabe de antemano hasta qué punto podría resistir las torturas. Ni siquiera si es capaz de soportar la primera. Y la Savak no significaba sino las torturas más atroces. Su método consistía en secuestrar a una persona en plena calle, vendarle los ojos y, sin preguntar nada, llevarla directamente al potro del tormento. Una vez allí, enseguida se ponía en marcha la máquina infernal: se le rompían los huesos, se le arrancaban las uñas, se metían sus manos en un horno encendido, se aserraba su cráneo, y así decenas de barbaridades, y sólo cuando la persona, enloquecida por el dolor, estaba convertida en un desecho, destrozada y chorreando sangre, se procedía a identificarla. «¡Nombre! ¡Apellido! ¡Dirección! ¿Qué dijiste del sha? ¡Habla! ¿Qué dijiste?» Y, ¿sabe?, esa persona podía no haber dicho nada, podía ser del todo inocente. ¿Inocente? No importaba que fuese inocente. De esta manera todos tendrían miedo, culpables y no culpables; todos vivirían aterrorizados, nadie se sentiría seguro. En esto consistía el terror de la Savak, en que podían atacar a cualquiera, en que todos estábamos acusados, porque la acusación no sólo se refería a los actos sino también a las intenciones que la Savak podía imputar. «¿Te has opuesto al sha?» «No, no lo hice.» «Entonces, es que quisiste oponerte, ¡canalla!» Con eso bastaba.

–Algunas veces se organizaban procesos. Para los presos políticos (pero ¿quién era preso político?, aquí todos fueron considerados así) existían, exclusivamente, tribunales militares. Sesiones a puerta cerrada, ningún defensor, ningún testigo, pero, eso sí, sentencia inmediata. Luego llegaba el turno de las ejecuciones. ¿Sería alguien capaz de contar a cuánta gente fusiló la Savak? Seguro que a centenares. Nuestro gran poeta Khosrow Golesorkhi fue fusilado. Nuestro gran director de cine Keramat Denachian también lo fue. Decenas de escritores, de profesores y artistas dieron con sus huesos en la cárcel, mientras decenas de otros tuvieron que buscar refugio en la emigración. La Savak se componía de gentuza de la peor calaña; por eso, cuando cogían entre sus manos a una persona que tenía la costumbre de leer libros, se ensañaban con ella de una manera especialmente cruel.

–Creo que a la Savak no le gustaban los tribunales. Prefería su método habitual: matar desde un lugar oculto. Después no se podían establecer los hechos. ¿Quién había matado? No se sabía. ¿Dónde buscar a los culpables? No había culpables.

–La gente no podía soportar por más tiempo aquel terror y por eso se lanzaba a pecho descubierto contra el ejército y la policía. Podrá calificarse esto de desesperación, pero, créame, ya todo nos daba igual. El pueblo entero se alzó contra el sha porque para nosotros la Savak significaba el sha; era sus oídos, sus ojos y sus manos.

–Y, ¿sabe?, cuando se hablaba de la Savak, al cabo de una hora se quedaba uno mirando a su interlocutor y empezaba a pensar: tal vez éste también sea de la Savak. Y esa sospecha casi obsesiva no se nos iba de la cabeza durante mucho tiempo. Y el interlocutor podía ser mi padre, o mi marido o mi amiga más íntima. Me decía a mí misma: tranquilízate, esto es absurdo, pero no había nada que hacer; la sospecha volvía constantemente. Todo aquí estaba enfermo, el régimen entero estaba enfermo, y le diré sinceramente que no tengo idea de cuándo volveremos a estar sanos, es decir, cuándo recuperaremos el equilibrio. Después de años de semejante dictadura estamos psíquicamente lesionados y creo que pasará mucho tiempo antes de que podamos llevar una vida normal.

Fotografía 9

Esta fotografía estaba colgada al lado de otras junto a diversos lemas y llamamientos en el tablón de anuncios colocado ante el edificio del comité revolucionario de Shiraz. Le pedí a un estudiante que me tradujera la nota manuscrita clavada con chinchetas al pie de la misma. «Aquí dice –me explicó– que este niño tiene tres años, se llama Habid Fardust y que estuvo preso en manos de la Savak.» «¿Cómo que estuvo preso?», pregunté. Me contestó que se habían dado casos de familias enteras encarceladas por la Savak y que éste era uno de ellos. Leyó la nota hasta el final y añadió que los padres del niño habían muerto a causa de las torturas. Ahora editan muchos libros que tratan de los crímenes de la Savak, muchos documentos policiales y relatos de los que han sobrevivido a sus sevicias. He visto incluso algo que me causó una impresión horripilante: se trataba de tarjetas postales a todo color que se vendían enfrente de la universidad, postales que mostraban los cuerpos masacrados de algunas víctimas de la Savak. Todo sigue como en los tiempos de Tamerlán; en seiscientos años no se ha producido cambio alguno, es la misma crueldad patológica, aunque quizás un poco más mecanizada. El instrumento que se encontraba con más frecuencia en las dependencias de la Savak era una mesa eléctrica llamada parrilla, sobre la cual se colocaba a la víctima atada de pies y manos. Mucha gente murió en estas mesas. A menudo, antes de introducir al acusado en la habitación de la mesa, éste ya había perdido el juicio al no poder soportar, mientras esperaba su turno, los alaridos y la peste a carne quemada de los que le precedían. No obstante, en este mundo de pesadilla la revolución tecnológica no consiguió sustituir a los viejos métodos medievales. En las cárceles de Isfahán se encerraba a las personas en grandes sacos en los que se retorcían de hambre enormes gatos salvajes o serpientes venenosas. Las historias de tales prácticas, no pocas veces relatadas a propósito por los mismos miembros de la Savak, circularon años y años entre la gente y eran asimiladas con tanto mayor terror cuanto que, ante lo ambiguo y arbitrario de la definición de lo que era el enemigo, cualquiera podía imaginarse a sí mismo sometido a una situación semejante. Para estas personas la Savak representaba una fuerza no sólo cruel sino también extraña, era una fuerza de ocupación, una variante local de la Gestapo.

Durante los días de la revolución los manifestantes que marchaban por las calles de Teherán entonaban un canto lleno de expresividad y patetismo, Alá Akbar, en el que varias veces se repetía el estribillo:

Iran, Iran, Iran
Chun-o-marg-o-osjan.
(Irán, Irán, Irán,
es sangre, es muerte, es rebelión.)

Aunque trágica, ésta parece ser la definición más acertada de lo que es Irán. Desde hace siglos y sin interrupciones claras.

En este caso las fechas son importantes. En septiembre de 1978, cuatro meses antes de su marcha, el sha concede una entrevista al corresponsal del semanario *Stern*. Se acababan de cumplir veinte años justos desde el momento en que creara la Savak:

Corresponsal: –¿Cuál es el número de presos políticos en Irán?

El sha: –¿Qué entiende usted por presos políticos? Sin embargo, creo adivinar a qué se refiere: menos de mil.

Corresponsal: –¿Está seguro de que ninguno de ellos fue torturado?

El sha: –Precisamente acabo de ordenar que la tortura cese.

Fotografía 10

Esta fotografía está sacada en Teherán el 23 de diciembre de 1973: el sha, rodeado por una barrera de micrófonos, habla en una sala llena de periodistas. Mohammad Reza, a quien normalmente caracterizan unos buenos modales y una estudiada moderación, no sabe esta vez disimular su emoción, su excitación e incluso –tal como apuntan los reporteros– cierta agitación interior. En efecto el momento es importante y de grandes consecuencias para todo el mundo, pues el sha informa sobre los nuevos precios del petróleo, que en dos meses escasos se han cuadruplicado, con lo que Irán, al que la exportación de crudo proporcionaba cinco mil millones de dólares al año, ahora recibirá veinte mil. Añadamos que el único administrador de esta gigantesca cantidad de dinero será el mismo sha y que, en un reino que él solo rige, puede hacer con aquélla lo que le venga en gana: tirarla al mar, gastársela en helados o encerrarla en un cofre de oro. Así que no nos asombremos de la excitación que en estos momentos invade al monarca, porque nadie de nosotros sabe cómo se comportaría si de repente encontrase en su bolsillo veinte mil millones de dólares y además supiera que cada año a éstos se iban a agregar otros veinte mil y después incluso más. No es sorprendente que al sha le pasase lo que le pasó, es decir, que perdiese la cabeza. En vez de reunir a la familia, a los generales fieles y a los consejeros de confianza para pensar entre todos cómo gastar semejante fortuna con sentido común, el sha, a quien –como él mismo dice– se le apareció de repente una luminosa visión del futuro, declara ante todos que en el transcurso de una generación hará de Irán (que es un país subdesarrollado, caótico, semianalfabeto y descalzo) la quinta potencia mundial. Al mismo tiempo el monarca lanza el atractivo lema de «Bienestar para todos», que despierta en las gentes grandes esperanzas. Al principio la cosa tiene visos de realidad, pues nadie ignora que el sha ha recibido, efectivamente, una enorme suma de dinero.

Pocos días después de la conferencia de prensa que vemos en la fotografía el monarca está siendo entrevistado por un corresponsal del semanario *Der Spiegel,* a quien dice:

–Dentro de diez años tendremos el mismo nivel de vida que vosotros los alemanes, los franceses o los ingleses.

–¿Piensa usted? –pregunta el corresponsal, desconfiado– que conseguirá hacerlo en diez años?

–Sí, por supuesto.

–Pero –añade el corresponsal, aturdido– ¡Occidente necesitó muchas generaciones para alcanzar su actual nivel! ¿Será capaz de saltar por encima de ellas?

–Por supuesto.

Pienso en esta entrevista ahora, cuando el sha ya no está en Irán, mientras paseo, hundiéndome en el barro y el estiércol, entre las miserables chabolas de un pequeño pueblo cerca de Shiraz, rodeado de niños semidesnudos y helados, y veo delante de una casa a una mujer que prepara una especie de tortas de estiércol que (¡en este país del petróleo y del gas!), después de secarse, servirán en esa casa como único combustible; pues cuando paseo por este pueblo triste y medieval y recuerdo aquella entrevista de hace ya algunos años, se me ocurre la más banal de las reflexiones: no existe ningún absurdo que la razón humana no sea capaz de inventar.

De todas formas, de momento el sha se encierra en su palacio, donde toma centenares de decisiones que sacudirán a Irán y que al cabo de cinco años arrastrarán a la catástrofe al país y al propio monarca. Ordena doblar las inversiones, comenzar la gran importación de tecnologías y crear el tercer ejército del mundo en cuanto a nivel técnico. Manda traer las más modernas máquinas, instalarlas deprisa y ponerlas en marcha. Las máquinas modernas darán productos modernos, Irán inundará al mundo de las mejores mercancías. Decide construir plantas de energía atómica, fábricas de productos electrónicos, fundiciones y todo tipo de factorías. Luego, ya que en Europa hay un invierno fabuloso, se va a esquiar a St. Moritz. Pero la encantadora y elegante residencia del sha en St. Moritz súbitamente ha

71

dejado de ser un rincón silencioso, reducto de paz y tranquilidad, porque entretanto la noticia del nuevo El Dorado había corrido por el mundo provocando la excitación en sus capitales. Semejante cantidad de dinero actúa sobre cualquier imaginación, así que todos calcularon enseguida qué capital se podría amasar en Irán. Ante la residencia suiza del sha empezó a formarse una cola de presidentes y ministros de gobiernos respetables y ricos de países serios y conocidos. El sha, sentado en un sillón, se calentaba las manos en la chimenea y estudiaba con suma atención proposiciones, ofertas y declaraciones. Tenía ahora a todo el mundo a sus pies. Veía ante sí cabezas agachadas, espaldas inclinadas y manos tendidas. ¿Veis?, decía a los presidentes y ministros, ¡no sabéis gobernar y por eso no tenéis dinero! Daba lecciones a Londres y a Roma, aconsejaba a París, amonestaba a Madrid. El mundo lo escuchaba todo humildemente, se tragaba las más amargas píldoras porque tenía los ojos puestos en la deslumbrante pirámide de oro que se erguía sobre el desierto iraní. Los embajadores residentes en Irán iban de un lado para otro en continuo ajetreo porque sus respectivas cancillerías les enviaban decenas de telegramas referentes al dinero: «¿Cuánto dinero nos puede dar el sha? ¿Cuándo y en qué condiciones? ¿Dijo que no daría? ¡Siga insistiendo, excelencia! ¡Ofrecemos servicios garantizados y aseguramos buena prensa!» En las antesalas de los ministros del sha –incluso los más insignificantes– se ha instalado la turbamulta; hay miradas febriles y manos sudorosas, ni elegancia ni la más mínima seriedad. Y, sin embargo, los que se empujan, tiran de la manga a otros, bufan con rabia a los vecinos, gritan «¡Eh, que aquí hay cola!» son los presidentes de las más importantes sociedades anónimas, directores de grandes multinacionales, delegados de conocidas firmas y empresas, finalmente, los representantes de gobiernos más o menos respetables. Todos a la vez proponen, ofrecen, convencen de que es imprescindible una fábrica de aviones, o de coches, o de televisores, o de relojes. Aparte de estos eminentes y –en condiciones normales– distinguidos jerifaltes del capital y de las industrias mundiales, vienen a Irán bancos enteros de peces menores, pequeños especuladores y estafadores, especialistas en oro y piedras preciosas, en discotecas y striptease, en opio, en bares, en cortar el pelo a navaja y en surf, vienen los que saben hacer la versión persa de *Playboy*, los que montan un show estilo Las Vegas y los que harán dar vueltas a la ruleta mejor que en Monte Carlo. No transcurrirá mucho tiempo antes de que en las calles de Teherán uno se vea rodeado de anuncios y letreros: Jimmy's Nigth Club, Holiday Baber Shop, Best Food in the World, New York Cinema, Discreet Corner. Exactamente como si pasease por Broadway o por el Soho londinense. Todavía en los aeropuertos europeos algunos estudiantes encapuchados intentan por puertas y ventanas discretas entregar a aquellos que se disponen a entrar en Irán octavillas explicando que en Irán, su país, la gente muere por torturas, que no se puede confirmar si siguen con vida muchos de los secuestrados por la Savak. Pero ¿a quién le importa eso cuando se le ofrece la ocasión de forrarse, y tanto más cuanto que todo se desarrolla en nombre del sublime lema de construir la Gran Civilización lanzado por el sha? En esto el sha vuelve de sus vacaciones invernales descansado y contento; por fin todos realmente lo alaban, todos escriben sobre él en superlativo, ensalzan sus méritos, subrayando que dondequiera que uno pose la vista hay cantidades de problemas y hay gangsterismo, mientras que, en cambio, en Irán, nada; allí todo marcha a la perfección, el país entero se baña en el brillo del progreso y de la modernidad, así que es allí adonde hay que ir para tomar ejemplo, para mirar cómo el ilustrado monarca, lejos de dejarse desanimar por la incultura y la miseria de su pueblo, lo alienta a que emprenda la escalada, a que se sacuda la miseria y la superstición y a que sin regatear esfuerzos vaya trepando hasta alcanzar el nivel de Francia o de Inglaterra.

–En opinión de Vuestra Majestad –pregunta el corresponsal de *Der Spiegel*–, ¿el modelo de desarrollo que usted ha adoptado es el más adecuado al momento presente?

–Estoy convencido de ello –responde el sha.

Desgraciadamente, la satisfacción del monarca no iba a durar mucho. El desarrollo es un río muy engañoso, cosa de la que no tardará en convencerse todo aquel que entre en su corriente. En la superficie las aguas fluyen lisas y rápidas pero basta que el timonel, demasiado seguro de sí mismo, haga virar su barco despreocupadamente para que se evidencie cuántos remolinos peligrosos y extensos médanos se esconden en ellas. A medida que el barco se vaya encontrando con estas trampas, la cara del timonel se irá alargando. Todavía canta y grita para darse ánimos, pero en el fondo de su alma ya empieza a corroerlo el gusano de la amargura y la desilusión; parece que el barco avance todavía pero, en realidad, está parado, parece que se mueva pero sigue en su sitio: la proa ha encallado. Sin embargo, todo esto ocurrirá más tarde. De momento el sha había hecho compras multimillonarias por el mundo y de todos los continentes habían salido rumbo a Irán barcos repletos de mercancías. Pero cuando llegaron al Golfo, resultó que Irán no tenía puertos (lo que el sha desconocía). En realidad, los había pero eran pequeños y anticuados, incapaces de recibir tal volumen de carga. Centenares de barcos esperaban su turno en el mar, a menudo durante medio año. Por estas esperas Irán pagaba a las compañías marítimas mil millones de dólares anuales. Poco a poco se fueron descargando los barcos y entonces resultó que Irán no tenía almacenes (lo que desconocía el sha). Un millón de toneladas de las más diversas mercancías estaban esparcidas por el desierto, a merced del aire y del calor infernal del trópico; la mitad de ellas no servían ya sino para ser tiradas a la basura. Todas estas mercancías debían llevarse al interior del país, pero resultó que Irán no tenía transportes (lo que desconocía el sha). En realidad sí había algunos coches y vagones, pero eran completamente insuficientes para cubrir nuevas necesidades. Así que se trajeron de Europa dos mil camiones, pero entonces resultó que Irán no tenía conductores (lo que desconocía el sha). Tras algunas deliberaciones se mandaron aviones a Seúl para traer conductores surcoreanos. Arrancaron los camiones y comenzaron a transportar las mercancías. Aunque por poco tiempo, pues los conductores, después de aprender cuatro palabras en persa, enseguida descubrieron que les pagaban la mitad de lo que cobraban los conductores iraníes. Indignados, abandonaron los camiones y volvieron a Corea. Estos camiones, hoy inservibles y cubiertos de arena, siguen en el desierto, en el camino que va de Bender Abbas a Teherán. A pesar de todo, con el tiempo y la ayuda de empresas extranjeras de transportes, acabaron trayéndose a los lugares de destino las fábricas y las máquinas adquiridas a los más diversos países. Y llegó la hora de montarlas. Resultó entonces que Irán no tenía ingenieros ni técnicos (lo que desconocía el sha). Lógicamente, quien decide crear la Gran Civilización debería empezar por la gente, por preparar cuadros profesionales cualificados, por crear su propia *inteligentsia*. Pero ¡precisamente tal razonamiento era inadmisible! ¿Abrir universidades nuevas, abrir la politécnica? Cada centro de éstos es un nido de víboras. Cada estudiante es un rebelde, un alborotador, un librepensador. ¿Podemos sorprendernos de que el sha no quisiera cavar su propia tumba? El monarca tuvo una idea mejor: mantener a todos los estudiantes lejos del país. A este respecto, Irán era un caso insólito en el mundo. Más de cien mil jóvenes estudiaban en Europa y América. Esto le costó a Irán mucho más de lo que le hubiese costado crear sus propias universidades. Pero de esta manera el régimen se procuraba una relativa calma y seguridad. La mayoría de esta juventud no volvía nunca. Pueden hoy encontrarse más médicos iraníes en San Francisco y Hamburgo que en Tabriz y Meshed. No volvían a pesar de los suntuosos sueldos ofrecidos por el sha; tenían miedo a la Savak, y no querían volver a besar las botas de nadie. Desde hacía años aquello había sido la gran tragedia del país. La dictadura del sha con sus represalias y persecuciones condenaba a la emigración, al silencio o a las cadenas a los mejores hombres del Irán: a los escritores más insignes, a los científicos, a los pensadores. Era más fácil encontrar a un iraní con carrera en Marsella o Bruselas que en Hamadan o Qazvin. Un iraní en Irán no podía leer libros de sus grandes escritores (porque se editaban sólo en el extranjero), no podía ver las películas de sus mejores directores (porque estaba prohibido exhibirlas dentro del país), no podía escuchar la voz de sus intelectuales (porque estaban condenados al silencio). Fue la voluntad del sha lo que hizo que la gente no tuviese más remedio que elegir entre la Savak y los mulás. Y, naturalmente, eligió a los mulás. Cuando se habla de la caída de la dictadura (y el régimen del sha había sido una dictadura particularmente brutal y pérfida), no se puede tener la ilusión de que junto a ella se acabe todo el sistema, desapareciendo como un mal sueño. En realidad sólo termina su existencia física. Pero sus efectos psíquicos y sociales permanecen, viven y durante años se hacen recordar, e incluso pueden quedarse en formas de comportamientos cultivados en el subconsciente. La dictadura, al destruir la inteligencia y la cultura, ha dejado tras sí un campo vacío y muerto en el que el árbol del pensamiento tardará mucho tiempo en florecer. A este campo estéril salen de los escondrijos, de los rincones y grietas no siempre los mejores sino, a menudo, los que han resultado ser los más fuertes; no siempre los que traerán y crearán valores nuevos sino más bien aquellos a quienes su piel dura y resistencia interior han permitido sobrevivir. En estos casos la historia comienza a girar en un trágico círculo vicioso y a veces hace falta un siglo entero para que pueda salir de él. Pero aquí tenemos que detenernos, incluso retroceder varios años, porque, adelantando los acontecimientos, ya hemos destruido la Gran Civilización que antes hemos de construir. Sin embargo, ¿cómo se puede construir nada sin contar con especialistas, y con un pueblo que aunque ardiese en deseos de estudiar no tiene dónde? Para hacer realidad la visión del sha era necesario contratar inmediatamente a setecientos mil profesionales. Se encontró la salida más sencilla y segura: los traeremos del extranjero. La cuestión de la seguridad era aquí un argumento de peso, pues se sobreentiende que un extraño no va a dedicarse a organizar complots ni rebeliones, no va a adoptar posturas contestatarias o de indignación frente a la Savak, porque lo único que va a interesarle será hacer su trabajo, cobrar y marcharse. En el mundo cesarían las revoluciones si gentes, por ejemplo, del Ecuador construyesen el Paraguay, o los hindúes, Arabia Saudí. Mezclen, revuelvan, trasladen, dispersen, y tendrán tranquilidad. Así que llegan a aterrizar los aviones uno tras otro. Vienen criadas de Filipinas, fontaneros de Grecia, electricistas de Noruega, contables de Pakistán, médicos de Italia, militares de los Estados Unidos. Contemplamos las fotografías del sha de aquel período: el sha hablando con un ingeniero de Múnich, el sha hablando con un perito de Kuznieck. Y ¿quiénes son los únicos iraníes que vemos en estas fotos? Son ministros y hombres de la Savak, que protegen al monarca. En cambio, los iraníes que no vemos en las fotos lo miran todo con ojos cada vez más grandes. Sobre todo por su profesionalidad, por saber apretar los botones adecuados, mover las palancas adecuadas, unir los cables adecuados, este ejército de extranjeros, por más modestamente que se comporte (como fue el caso de nuestro pequeño grupo de especialistas), empieza a dominar, a crear en los iraníes un complejo de inferioridad. Él sabe y yo no. Los iraníes son un pueblo orgulloso y tremendamente sensible cuando de su dignidad se trata. Un iraní no reconocerá no saber hacer algo; para él es una gran vergüenza, un bochorno. Sufrirá, se sentirá deprimido y, finalmente, empezará a odiar. El iraní comprende enseguida el proyecto del sha: vosotros seguid sentados a la sombra de las mezquitas y llevad a pastar las ovejas, porque habrá de pasar un siglo antes de que sirváis para algo, mientras que yo, con los americanos y los alemanes, en diez años voy a construir un imperio mundial. Por eso los iraníes reciben la Gran Civilización sobre todo como una gran humillación. Pero esto es sólo una parte de la historia. Enseguida empieza a correr la noticia de lo que ganan estos especialistas en un país en que para muchos campesinos diez dólares es toda una fortuna (un campesino recibía por sus productos el 5 % del precio al que éstos se vendían después en el mercado). Mayor impacto causa el conocer los sueldos de los oficiales norteamericanos traídos por el sha. A menudo alcanzan ciento cincuenta o doscientos mil dólares anuales. Después de pasar cuatro años en Irán, un oficial se marcha con medio millón de dólares en el bolsillo. Los ingenieros cobran mucho menos, pero para los iraníes los ingresos de los extranjeros se miden tomando como punto de referencia los sueldos americanos. Se puede uno imaginar fácilmente lo mucho que adora un iraní medio, incapaz de llegar a fin de mes sin traumas, al sha y a su Gran Civilización, lo que siente cuando en su propia patria es continuamente tratado a empujones, se le dan lecciones y se ríen de él muchas personas extrañas que, incluso sin manifestarlo, tienen el convencimiento de su superioridad. Al final, gracias a la ayuda extranjera, fue construida una parte de las fábricas, pero entonces resultó que no había electricidad (lo que desconocía el sha). Para ser más exactos, no pudo saberlo porque el sha leía unas estadísticas de las que se desprendían que sí la había. Y ello era cierto, sólo que en realidad había dos veces menos de lo que éstas mostraban. En aquellos momentos el sha estaba con el agua al cuello; quería exportar rápidamente productos industriales por la sencilla razón de que no sólo se había gastado hasta el último céntimo de toda esa fabulosa cantidad de dinero sino que había empezado a pedir créditos a diestro y siniestro. ¿Y para qué pedía Irán estos créditos? Para comprar acciones de grandes empresas extranjeras, americanas, alemanas y de otros países. Pero ¿era necesario? Sí, lo era, porque el sha tenía que gobernar el mundo. Llevaba ya algunos años dando lecciones a todos, aconsejaba a los suecos y a los egipcios, pero necesitaba todavía de una fuerza real. El campo iraní estaba inundado de barro y apestaba a estiércol, pero ¿qué importancia tenía eso frente a las ambiciones a escala mundial del sha?

Fotografía 11

En realidad no se trata de una fotografía sino de la reproducción de un cuadro al óleo en el que un pintor panegirista ha representado al sha en una actitud napoleónica (en el momento en que el emperador de Francia dirige desde la silla de su caballo una de sus batallas victoriosas). Esta fotografía fue distribuida por el Ministerio de Información iraní (por cierto, dirigido por la Savak); por lo tanto tuvo que haber recibido la aprobación del monarca, quien gustaba mucho de tales comparaciones. El uniforme, de excelente corte, que resalta la silueta ágil y atractiva de Mohammad Reza, nos abruma con la riqueza de sus galones, la cantidad de sus medallas y la composición rebuscada de sus entorchados que se cruzan en el pecho. En este cuadro contemplamos al sha en su papel predilecto: el de comandante en jefe del ejército. Porque el sha, bien es verdad que se preocupa por sus súbditos y que se dedica a acelerar el proceso de desarrollo, etc., pero éstas no son más que unas obligaciones tediosas, inevitables para quien es el padre de la nación, pero el ejército es su única afición, su pasión verdadera. Y no se trata de una pasión desinteresada. El ejército siempre había constituido el principal apoyo del trono y, con el paso del tiempo, su único apoyo. En el momento en que el ejército quedó desmembrado el sha dejó de existir. Ahora me asalta la duda de si debo usar la palabra ejército, pues podría inducir a falsas asociaciones. En nuestra cultura el ejército era una unión de hombres que derramaban su sangre «por la libertad vuestra y nuestra», que defendían las fronteras, luchaban por la independencia, que, victoriosos, triunfaban cubriendo de honor sus enseñas o que sufrían trágicas derrotas con las que daban comienzo a largos períodos de sometimiento cruel del pueblo entero.

Nada parecido se puede decir del ejército de los shas Pahleví. Este ejército tuvo una única oportunidad para erigirse en el defensor de la patria (en 1941), pero justamente en aquella ocasión, al ver al primer soldado extranjero, tocó a retirada, se dispersó, y a esconderse en casa. Sin embargo, tanto antes como después, este mismo ejército mostró con especial empeño su fuerza en circunstancias muy distintas, es decir, masacrando minorías nacionales, a menudo indefensas, o manifestaciones populares, igualmente indefensas. En una palabra, aquel ejército no era más que un instrumento del terror interno, una especie de policía acuartelada. Y de la misma manera que nuestra historia militar está marcada por grandes batallas –Grunwald, Cecora, Raclawice y Olszynka Grochowska–, la historia del ejército de Mohammad Reza lo está por grandes masacres de su propio pueblo (Azerbaiyán 1946, Teherán 1963, Kurdistán 1967, Irán entero 1978, etc.). Por eso cualquier ampliación del ejército era acogida con horror y espanto por el pueblo, consciente de que lo que el sha hacía no era sino fabricar un látigo todavía más grueso y más doloroso que tarde o temprano acabaría por caer sobre sus espaldas. Incluso la división entre el ejército y policía (y había ocho clases dentro de ella) era de índole meramente formal. Al frente de todas aquellas clases de policía estaban los generales del ejército, es decir, los hombres más próximos al sha. El ejército, al igual que la Savak, gozaba de todos los privilegios. («Al terminar los estudios en Francia –cuenta un médico–, volví a Irán. Fui con mi mujer al cine; nos pusimos en la cola. Apareció un suboficial y compró una entrada en la taquilla pasando por delante de todos lo que aguardábamos nuestro turno. Le llamé la atención. Entonces se me acercó y me dio una bofetada. No tuve más remedio que encajarla sin chistar pues mis vecinos de cola me advirtieron que cualquier palabra de protesta podía tener como resultado que acabase en la cárcel.») Así pues, como mejor se sentía el sha era con el uniforme puesto y dedicaba a su ejército más tiempo que a nadie. Llevaba años ocupado en su actividad favorita, la cual consistía en hojear esas revistas (de las que se publican por decenas en Occidente) en que fábricas y empresas anuncian nuevos tipos de armamento. Mohammad Reza estaba suscrito a todas y las leía con suma atención. Durante años enteros, mientras se prolongaban aquellas lecturas fascinantes, al no disponer de dinero suficiente para comprar todos los juguetes mortales que le habían gustado, sólo podía soñar y contar con que los americanos le diesen algún que otro tanque o avión. Y los americanos, a decir verdad, no es que le dieran poco, pero siempre aparecía algún senador que levantaba el revuelo y criticaba al Pentágono por mandar demasiado armamento al sha, y entonces los envíos se interrumpían por algún tiempo. Sin embargo, ahora que el sha disponía del gran dinero del petróleo, ¡se habían acabado todos los problemas! Antes que nada dividió en dos aquella increíble suma de veinte mil millones de dólares (al año): diez mil para la economía nacional y diez mil para el ejército (llegados a este punto cabe añadir que el ejército apenas representaba el uno por ciento de la población). Acto seguido el monarca se entregó con más ahínco que nunca a la lectura de las revistas dedicadas al armamento e inundó el mundo con una fantástica avalancha de pedidos. ¿Cuántos tanques tiene Gran Bretaña? Mil quinientos. Bien, dice el sha, encargo dos mil. ¿Cuántos cañones tiene la Bundeswehr? Mil. Bien, nuestro pedido es de mil quinientos. Y ¿por que ha de ser siempre más que la British Army y la Bundeswehr? Porque debemos tener el tercer ejército del mundo. Hemos de resignarnos a no tener ni el primero ni el segundo pero sí podemos tener el tercero y lo vamos a conseguir. Y una vez más se dirigen hacia Irán barcos, aviones y camiones repletos de las más modernas armas que la humanidad haya inventado y fabricado. Al poco tiempo (es cierto que hubo problemas en la construcción de fábricas, pero los envíos de tanques se realizaron a la perfección) Irán se convierte en una gran exposición de todo tipo de armamento. Y nunca mejor dicho, pues en el país no existen almacenes, ni depósitos, ni hangares para guardar y asegurarlo todo. Se presenta ante los ojos un panorama realmente increíble. Si hoy se desplaza uno de Shuraz a Isfahán, en un lugar determinado a la derecha de la carretera y en pleno desierto verá aparecer centenares de helicópteros. La arena cubre poco a poco los inútiles aparatos. Nadie vigila este territorio porque, al fin y al cabo, no hace ninguna falta; no hay nadie que sepa ponerlos en marcha. Aglomeraciones de cañones abandonados se acumulan en las afueras de Qom, montones de tanques se apiñan en los campos de Ahvaz. Pero no adelantemos los acontecimientos. Todavía está en Teherán Mohammad Reza, que en estos momentos tiene una agenda apretadísima. Y es que el arsenal del monarca crece sin parar; cada día trae consigo algo nuevo: ayer eran cohetes, hoy son radares, mañana serán aviones cazas o carros blindados. Son muchísimas armas; en apenas un año el presupuesto militar del Irán se ha quintuplicado: de dos a diez mil millones de dólares, y el sha ya está pensando en incrementarlo aún más. El monarca viaja, mira, examina, toca. Recibe partes e informes, escucha las explicaciones de para qué sirve tal o cual palanca o qué sucederá si se aprieta aquel botón rojo. El sha escucha, asiente con la cabeza. Y sin embargo son extraños los rostros que asoman debajo de los cascos de combate o de las gorras de aviador o tanquista. Son caras muy blancas, de barba clara, o, por el contrario, demasiado oscuras, caras de negro. ¡Caras de americanos, eso es! Al fin y al cabo alguien debe pilotar aquellos aviones, dirigir los radares y centrar las miras, y nosotros ya sabemos que Irán carece de cuadros técnicos no sólo entre la población civil sino también en el seno del ejército. Al comprar armamento de lo más sofisticado, el sha también tuvo que pagar a precio de oro a expertos militares norteamericanos que supieran manejarlo. De ellos permanecían en Irán alrededor de cuarenta mil en el último año de su reinado. De modo que uno de cada tres hombres de la nómina de oficiales era de esta nacionalidad. Con los dedos de una mano se podían contar los oficiales iraníes en no pocas formaciones técnicas. Pero ni siquiera el ejército americano disponía del número de expertos que exigía el sha. Un buen día, al hojear un folleto de propaganda de una de tantas fábricas de armamento, el monarca se quedó contemplando un destructor clase Spruance, el más moderno buque de guerra, cuyo precio se cifraba en trescientos treinta y ocho millones de dólares por unidad. Enseguida encargó cuatro. Los buques llegaron al puerto de Bender Abbas, pero sus tripulaciones tuvieron que regresar a Estados Unidos porque este país no disponía del suficiente excedente en «marines» con preparación para el manejo de estos navíos. Los cuatro Spruance siguen hasta hoy en el puerto de Bender Abbas, cayéndose a pedazos. En otra ocasión el sha se quedó admirado del prototipo del cazabombardero F-16. Enseguida decidió comprar una buena remesa. Pero los americanos resultaron demasiado pobres, no se podían permitir nada bien hecho y una vez más habían decidido suspender la fabricación del bombardero por parecerles su precio demasiado elevado: veintiséis millones de dólares por unidad. Por suerte el sha salvó el asunto al tomar la determinación de ayudar a sus amigos pobres. Les hizo un pedido de ciento setenta de esos aviones adjuntando un cheque por valor de tres mil ochocientos millones de dólares. ¿Y por qué no restar de estas sumas desorbitantes aunque sólo fuese unos cuantos autobuses urbanos para los habitantes de Teherán? La gente de la capital pierde horas esperando un autobús y luego más horas para llegar al trabajo. ¿Autobuses urbanos? ¿Qué brillo imperial puede emanar de un autobús? Y ¿qué tal si se restara un millón de esos miles de millones para construir pozos en unos cuantos pueblos? ¿Pozos? ¿Quién irá a esos pueblos para ver sus pozos? Los pueblos están lejos, entre montañas; nadie tendrá ganas de visitarlos y admirarlos. Supongamos que vamos a confeccionar un álbum que muestre a Irán como la quinta potencia del globo. Y que colocamos en ese álbum la fotografía de un pueblo con su pozo en medio. La gente en Europa pensará: ¿qué se desprende de esta imagen? Nada. Simplemente se ve un pueblo que tiene un pozo en medio. Y si, por el contrario, ponemos una fotografía con el monarca sobre un fondo de hileras de aviones supersónicos (existen muchas de esas fotos) todo el mundo moverá la cabeza con un gesto de admiración y dirá: ¡hay que reconocer que este sha ha conseguido algo realmente increíble! Entretanto Mohammad Reza se sienta en su despacho del cuartel general. He visto por televisión un reportaje filmado en ese despacho. Un enorme mapamundi ocupa una pared entera. A una distancia considerable del mapa hay un sillón hondo y grande y, a su lado, una mesa pequeña y tres teléfonos. Llama la atención el hecho de que en el resto de la habitación no haya ningún otro mueble. Ni más sillones, ni sillas siquiera.

Aquí solía pasar el tiempo solo. Se sentaba en el sillón y contemplaba el mapa. Las islas del estrecho de Ormuz. Ya están conquistadas, ocupadas por sus tropas. Omán. Allí se encuentran sus divisiones. Somalia. Le prestó ayuda militar. El Zaire. También le prestó ayuda. Concedió créditos a Egipto y a Marruecos. Europa. Aquí tenía capitales, bancos, participaciones en multinacionales. América. Aquí también compró muchas acciones, tenía algo que decir. Irán crecía, se volvía grande, afianzaba sus posiciones en todos los continentes. Océano Índico. Sí, ha llegado el momento de reforzar la influencia en el océano Índico. A este asunto empezó a dedicarle cada vez más tiempo.

Fotografía 12

Un avión de las líneas aéreas Lufthansa en el aeropuerto de Mehrabad en Teherán. Diríase una foto publicitaria, pero en este caso la publicidad está de más: siempre se venden todas las plazas. Cada día este avión despega de Teherán para aterrizar en Múnich a mediodía. Elegantes automóviles previamente encargados llevan a los pasajeros a comer en restaurantes de lujo. Terminado el almuerzo, todos vuelven en el mismo avión a Teherán, donde les está esperando la cena, ya en casa. No es éste un entretenimiento caro: dos mil dólares por persona. Para quienes disfrutan del favor del sha semejante suma no tiene ni las más mínima importancia. Son más bien los plebeyos de palacio los que comen en Múnich. Los que ocupan escalafones de rango superior no siempre se sienten animados a afrontar la fatiga de una expedición tan larga. Para ellos un avión de Air France trae de París la comida del Maxim's, además de los cocineros y camareros. Pero ni siquiera esos caprichos suponen nada extraordinario ya que no cuestan más que cuatro perras, teniendo en cuenta las fortunas que amasan Mohammad Reza y su gente. A los ojos de un iraní medio la Gran Civilización, es decir, la Revolución del Sha y del Pueblo, no era otra cosa que el Gran Pillaje llevado a cabo por la élite. Robaban todos los que ostentaban algún poder. Si había alguien que, ocupando un cargo importante, no robaba, se creaba en torno a él un vacío: despertaba sospechas. Todos decían de él: «Seguro que es un espía que nos han enviado para que denuncie quién roba y cuánto, porque estas informaciones son necesarias para nuestros enemigos.» En cuanto podían se deshacían del hombre que les estropeaba el juego. De este modo se llegó a la inversión de todos los valores. El que trataba de mantenerse honrado era acusado de ser un confidente a sueldo. Si alguien tenía las manos limpias, debía esconderlas lo más profundamente posible; lo limpio llevaba consigo algo de vergonzoso, de ambiguo. A más alta posición, más lleno el bolsillo. Si alguien quería construir una fábrica, abrir una empresa o cultivar algodón, debía entregar parte del capital a los familiares del sha o a uno de sus dignatarios. Y la entregaba de buena gana, porque el negocio podía prosperar tan sólo en caso de contar con el apoyo de la corte. Con dinero e influencias se vencía cualquier obstáculo. Podían comprarse las influencias y luego, haciendo uso de ellas, multiplicar la fortuna hasta lo infinito. Resulta difícil imaginarse el río de dinero que fluía hacia la caja del sha, de su familia y de toda la élite cortesana. La familia del sha aceptaba sobornos de cien millones de dólares o más. Sólo en Irán disponía de una suma que oscilaba entre tres y cuatro mil millones de dólares, no obstante tener colocada su principal fortuna en bancos extranjeros. Los ministros y generales recibían sobornos de veinte hasta cincuenta millones de dólares. Cuanto más se bajaba menor era la cantidad, pero ¡dinero lo había siempre! A medida que aumentaban los precios se incrementaba la cuantía de los sobornos y la gente corriente se quejaba de tener que destinar partes cada vez mayores de sus ingresos a alimentar el monstruo de la corrupción. En tiempos pasados había existido en Irán la costumbre de vender los cargos públicos en subasta. El sha daba el precio de salida por un cargo de gobernador, que se adjudicaba al mejor postor. Luego, una vez en el puesto, desplumaba como podía a los súbditos para recuperar (con creces) el dinero que había entregado a los monarcas. Ahora esta costumbre había renacido aunque bajo una apariencia diferente. Ahora el sha compraba a las personas enviándolas fuera para que firmaran grandes contratos, militares sobre todo. Semejante oportunidad suponía comisiones impresionantes, de las que parte correspondían a la familia del sha. Aquello era un paraíso para los generales (el ejército y la Savak fueran los que mayores fortunas amasaron con la Gran Civilización). Los generales se llenaban los bolsillos sin el menor asomo de vergüenza. El jefe de la marina de guerra, contraalmirante Ramzi Abbas Atai, usaba la flota para transportar contrabando de Dubái a Irán. Por mar, Irán estaba indefenso: sus barcos permanecían amarrados en el puerto de Dubái, en tanto que el contraalmirante cargaba sus cubiertas de coches japoneses.

El sha, dedicado a la construcción de la Quinta Potencia, a la Revolución, a la Civilización y al Progreso, no tenía tiempo para ocuparse de asuntos tan insignificantes como sus subordinados. Las cuentas multimillonarias del monarca se creaban de manera mucho más sencilla. Él era la única persona con derecho a supervisar la contabilidad de la Sociedad Petrolífera de Irán, lo que quiere decir que era quien decía cómo se iban a distribuir los petrodólares; y la frontera entre el bolsillo del monarca y el tesoro del Estado estaba muy desdibujada, invisible casi. Añadamos que el sha, agobiado por tantas obligaciones, no se olvidó ni por un momento de su caja particular y saqueaba a su país de todas las maneras posibles. Y ¿qué era de las inmensas cantidades de dinero que reunían sus favoritos? Por lo general, éstos depositaban sus fortunas en bancos extranjeros. Ya en el año 1958 el senado norteamericano fue escenario de un escándalo cuando alguien descubrió que el dinero donado por América al Irán hambriento había vuelto a los Estados Unidos en forma de ingresos bancarios en las cuentas privadas del sha, sus familiares y personas de su confianza. Pero a partir del momento en que el Irán comienza su fabuloso negocio del petróleo, es decir, desde los grandes aumentos de los precios del crudo, ningún senado tendrá derecho a inmiscuirse en los asuntos internos del reino y el río de dólares podrá fluir tranquilamente del país hacia los bancos extranjeros de confianza. Cada año la élite iraní deposita en sus cuentas privadas de esos bancos más de dos mil millones de dólares, y el año de la revolución sacó del Irán más de cuatro mil millones. Así que todo aquello no era más que un gran saqueo del propio país a una escala inconcebible. Todos y cada uno podían sacar fuera cuanto poseyeran, sin ningún tipo de control o limitación; bastaba con firmar un cheque. Pero no queda ahí la cosa, pues además se sacan enormes sumas de dinero para ser gastadas inmediatamente en regalos y diversiones así como para comprar calles enteras de edificios y chalets, decenas de hoteles, hospitales privados, casinos de juego y restaurantes en Londres o en Frankfurt, en San Francisco o en la Costa Azul. El gran dinero permite al sha crear una nueva clase, desconocida hasta entonces por los historiadores y los sociólogos: la «petroburguesía», fenómeno social que va bastante más allá de lo meramente curioso. Esta burguesía no crea nada y su única ocupación consiste en consumir con auténtico desenfreno. A esta clase se accede no por medio de la lucha social (contra el feudalismo) ni tampoco a través de la competencia (industrial y comercial) sino luchando y compitiendo por el favor y la benevolencia del sha. Este ascenso puede convertirse en un hecho en un sólo día, en un minuto; basta con una palabra del monarca, basta con una firma suya. Ascenderá aquel que resulte más cómodo al sha, el que sepa adularlo mejor y más ardientemente que otros, el que le convenza de su lealtad y de su entrega. Sobran otros valores y otras cualidades. Es una clase de parásitos que no tarda en hacerse con una buena parte de los ingresos del Irán procedentes de la venta del petróleo, lo que la convierte en la dueña del país. Todo le está permitido a esta gente, desde el momento en que satisface la necesidad imperiosa del sha: la necesidad de la adulación. También le proporciona lo que tanto anhela: la seguridad. Ahora Mohammad Reza se ve rodeado de un ejército armado hasta los dientes y de una multitud que al verlo profiere gritos de admiración. Todavía no se percata de lo ilusorio, de lo falso, de la fragilidad de todo aquello. De momento reina la petroburguesía (formada por una amalgama de lo más extraña: la alta burocracia civil y militar, los integrantes de la corte con sus familias, la capa superior de los especuladores y de los usureros y también numerosos individuos de categoría indeterminada, sin profesión y sin cargo conocidos. Estos últimos son difíciles de clasificar. Todos ellos disfrutan de buena posición, de fortuna e influencias. ¿Por qué?, pregunto. La respuesta es siempre la misma: eran hombres del sha. Con eso bastaba). La característica de esta clase, que concita el odio particular de la sociedad iraní, tan apegada a sus tradiciones, es su desnaturalización. Estas personas se visten en Nueva York y Londres (aunque las señoras prefieren París), pasan el tiempo libre en los clubs americanos de Teherán y envían a sus hijos a estudiar al extranjero. Esta clase goza de las simpatías de Europa y América en el mismo grado que de la antipatía de sus compatriotas. En sus elegantes salones recibe a huéspedes que vienen a visitar Irán y les ofrece una visión del país (que a menudo ella misma desconoce ya). Tiene modales mundanos y habla en lenguas europeas, ¿no es comprensible, pues, que, aunque sólo sea por esta última razón, un europeo busque contacto precisamente con ella? Sin embargo, ¡cuán engañosas son estas visitas, cuán lejos de estos lujosos chalets se encuentra el Irán verdadero que pronto hará oír su voz sorprendiendo al mundo! La clase de la que hablamos, llevada por un instinto de supervivencia, presiente que su carrera es tan brillante como efímera. Por eso desde el principio tiene las maletas preparadas, saca el dinero del país e invierte en Europa y América. Pero como el dinero no escasea, ni mucho menos, se puede destinar parte de él a vivir cómodamente en el mismo Irán. En Teherán empiezan a surgir barrios superlujosos cuyo confort y riqueza no pueden menos que impresionar a los visitantes. Los precios de muchas casas alcanzan millones de dólares. Estos barrios se alzan en la misma ciudad en que en otras calles familias enteras viven apiñadas en unos pocos metros cuadrados, sin luz ni agua para mayor escarnio. Y si, al menos, ese tremendo consumo de privilegios, esa gran «bouffe» se llevase a cabo con discreción, cójase y escóndase; que nada se vea; disfrútense los banquetes pero antes tápense las ventanas con cortinas; constrúyase la mansión, pero en medio del bosque, lejos, para no soliviantar a los demás. Pero ¡no! Aquí la costumbre manda impresionar y dejar boquiabierto, sacarlo todo afuera como si de un escaparate se tratara, encender todas las luces, deslumbrar, hacer que otros se caigan de rodillas, ¡apabullar, aplastar! Porque si no, ¿de qué sirve poseer? ¿Qué sentido tiene que alguien apunte un «se dice», «parece que», «alguien ha visto»...? ¡No! Poseer así equivale a no poseer en absoluto. Poseer de verdad significa gritar que se posee, llamar para que contemplen, que vean y que admiren, ¡que se les vayan los ojos! Y efectivamente, ante los ojos de la multitud silenciosa, aunque cada vez más hostil, la nueva clase da todo un espectáculo de la «dolce vita» iraní que no conoce límites a su desenfreno, a su voracidad y a su cinismo. Así, esta clase provocará un incendio en el que perecerá junto con su creador y protector.

Fotografía 13

Se trata de la reproducción de una caricatura esbozada en los días de la revolución por un artista contrario al régimen. Vemos una calle de Teherán. Por la calzada se deslizan unos cuantos cochazos americanos, enormes amos de la carretera. En la acera permanecen de pie personas de rostro decepcionado. Está quien sostiene la mano en el picaporte de una portezuela, quien una correa de transmisión, quien la palanca de una caja de cambio. Al pie del dibujo el comentario: ¡un Peycan para cada uno! (Peycan es en Irán el nombre de un coche popular). Cuando el sha recibió el «gran dinero» prometió que cada iraní podría comprarse un automóvil. La caricatura muestra de qué manera se cumplió la promesa. Sobre la calle, en una nube aparece sentado y furioso el sha. Por encima de su cabeza se lee la siguiente inscripción: Mohammad Reza se enfada con el pueblo, que no quiere reconocer que ha experimentado una notable mejora. Es un dibujo curioso que muestra cómo los iraníes interpretaron la Gran Civilización: a saber, como una Gran Injusticia. En una sociedad que nunca conoció la igualdad habían surgido ahora abismos todavía mayores. Claro está que los shas siempre tuvieron más que otros, pero era difícil llamarlos millonarios. Debían vender concesiones para mantener la corte en un nivel aceptable. El sha Nasser-ed-Din contrajo tantas deudas en los burdeles de París que, para pagarlas y poder regresar a su patria, tuvo que vender a los franceses el derecho a realizar excavaciones arqueológicas en Irán y a sacar del país todas las antigüedades que encontrasen. Pero esto había ocurrido en el pasado. Ahora, a mediados de los años setenta, Irán consigue que el dinero afluya al país en grandes cantidades. Y ¿qué hace el sha? Distribuye parte de él entre la élite, destina la mitad a su ejército y el resto al desarrollo. Pero ¿qué significa desarrollo? El desarrollo no es una categoría neutra o abstracta; siempre se realiza en nombre de algo y para alguien. Puede haber un desarrollo que enriquezca a la sociedad y haga de la vida algo mejor, más libre y más justo, pero también puede tener un carácter totalmente distinto. Eso es lo que ocurre en los sistemas de poder unipersonal, donde la élite identifica su propio interés con el del Estado (instrumento en sus manos para el ejercicio del poder) y donde el desarrollo económico, al tener por objetivo reforzar el Estado y su aparato de represión, refuerza la dictadura, la esclavitud, la avidez, la esterilidad y el vacío existencial. Justamente fue éste el desarrollo del Irán, que se vendía envuelto en un resplandeciente papel de regalo donde se anunciaba la Gran Civilización. ¿Podemos acaso sorprendernos de que los iraníes se sublevaran y destruyeran este modelo del desarrollo aun a costa de enormes sacrificios? Lo hicieron no porque fueran ignorantes y atrasados (me refiero al pueblo, no a cuatro fanáticos enloquecidos) sino, por el contrario, porque eran sabios e inteligentes y porque comprendían lo que estaba ocurriendo a su alrededor. Comprendían que unos años más de esta Civilización y no habría aire para respirar e incluso dejarían de existir como nación. La lucha contra el sha (es decir, contra la dictadura) no sólo la llevaron Jomeini y los mulás. Así lo presentaba (muy hábilmente, como se vería más tarde) la propaganda de la Savak: los ignorantes mulás estaban destruyendo la obra ilustrada y progresista del sha. ¡No! Esta lucha fue llevada a cabo sobre todo por los que estaban al lado de la sabiduría, la conciencia, el honor, la honestidad y el patriotismo. Los obreros, los escritores, los estudiantes y los científicos. Ellos eran, antes que nadie, quienes morían en las cárceles de la Savak y los primeros en coger las armas para luchar contra la dictadura. Y es que la Gran Civilización se desarrolló desde el principio acompañada de dos fenómenos que alcanzaron grados nunca vistos en ese país: por un lado el aumento de la represión policial y del terror ejercido por la tiranía, y por otro, un número cada vez más alto de huelgas obreras y estudiantiles así como el surgimiento de una fuerte guerrilla. Son sus jefes los fedayines del Irán (que, por lo demás, no tenían nada que ver con los mulás; muy al contrario, éstos los combaten). La existencia de esta guerrilla, que actúa a una escala bastante más importante que muchas de las guerrillas hispanoamericanas, es, por lo general, desconocida en el mundo, porque ¿a quién le importan los fedayines del Irán ahora que el sha permite a todos ganar millones? Estos guerrilleros no son sino médicos, estudiantes, ingenieros, poetas, esa «chusma analfabeta» del Irán que se opone al ilustrado sha y a su moderno país que todos elogian y admiran. A lo largo de cinco años centenares de guerrilleros iraníes mueren en combate y centenares de otros son torturados hasta la muerte por la Savak durante los interrogatorios. En aquella época ni Somoza ni Stroessner tuvieron sobre sus conciencias tantas víctimas trágicas. No quedó ni un solo hombre de los que habían creado la guerrilla iraní, de los que eran sus jefes e ideólogos, de los dirigentes de los fedayines, muyahidines y otras formaciones de lucha; ni uno solo.

Nota 7

El chií es, antes que nada, un opositor implacable. En un principio los chiíes no fueron más que un pequeño grupo de amigos y partidarios de Alí, el yerno de Mahoma y marido de su queridísima hija Fátima. Tras la muerte de Mahoma, quien no había tenido descendencia masculina ni tampoco había designado sucesor, empezó entre los musulmanes una lucha por la herencia del profeta, es decir, por el puesto de jefe (califa) de los fieles de Alá, una lucha por quién sería el hombre número uno del mundo islámico. El partido de Alí (la palabra chi'a significa precisamente partido) reclama el puesto para su jefe alegando que Alí es el único representante de la familia del profeta y padre de los dos nietos de Mahoma, Hassan y Hussein. No obstante, la mayoría mahometana que constituyen los suníes desoirá durante veinticuatro años la voz de los chiíes y elegirá uno tras otro como califas a Abu Bakr, Umar y Utman. Finalmente Alí conseguirá erigirse en califa, pero sólo por cinco años, pues morirá a manos de un asesino que le hiende la cabeza con un sable envenenado. Tampoco sobrevivirán los hijos de Alí; Hassan morirá también víctima del veneno y Hussein, en un combate. La extinción de la familia de Alí privará a los chiíes de la posibilidad de conseguir el poder (que quedará en manos de las dinastías suníes por este orden: Omeyas, Abbasíes y Otomanos). El califato, que, según los principios sentados por el profeta, habría de ser una institución que se caracterizara por su modestia y sencillez, se convierte en una monarquía hereditaria. Ante esta situación los chiíes, plebeyos, piadosos y pobres, escandalizados por el estilo nuevo rico de los califas victoriosos, pasan a la oposición.

Ocurría todo esto a mediados del siglo VII pero sigue siendo hasta hoy una historia viva y capaz de levantar pasiones. De modo que a lo largo de una conversación con un chií piadoso éste volverá una y otra vez a aquellos tiempos remotos, relatando con lágrimas en los ojos todos los detalles de la matanza de Kerbala, que fue donde le cortaron la cabeza a Hussein. Un europeo escéptico no dejará de pensar con ironía: Dios mío, ¡¿qué importancia tiene hoy todo eso?! Pero si hace esta pregunta en voz alta causará indignación y se granjeará el odio del chií.

El destino de los chiíes ha sido siempre trágico y ese sino de tragedia, ese infortunio y esa desgracia que les han acompañado a lo largo de la historia han marcado profundamente sus conciencias. Hay colectividades en el mundo que vienen fracasando en sus intentos desde hace siglos. Todo se les escapa de las manos y si alguna vez se enciende un rayo de esperanza, se apaga enseguida: tienen el viento siempre de cara. En una palabra, diríase que arrastran un signo fatal. Tal es el caso de los chiíes. Quizá por eso dan la impresión de ser mortalmente serios, tensos, aferrados a sus razones y principios incluso de una manera agresiva y, en fin, tristes (lo que no deja de ser una impresión, claro está).

Desde el momento en que los chiíes (que apenas constituyen una décima parte de los musulmanes, pues el resto es suní) pasaron a la oposición, empiezan las persecuciones. Hasta hoy está vivo en ellos el recuerdo de los muchos pogromos de los que fueron víctimas a lo largo de la historia. Por eso mismo, se encierran en sus guetos, viven dentro de los límites de su comunidad, se comunican por medio de signos comprensibles sólo para ellos y elaboran formas de comportamiento clandestino. No obstante, los golpes siguen cayendo sobre sus cabezas. Los chiíes son arrogantes, muy distintos de la dócil mayoría suní; se oponen al poder oficial (que, a diferencia de lo usual en los tiempos puritanos de Mahoma, se rodea ahora de esplendor y riqueza) y también a la ortodoxia obligatoria, lo cual, sin duda alguna, les cierra las puertas a toda tolerancia.

Poco a poco empiezan a buscar lugares más seguros que les brinden mejores condiciones de supervivencia. En aquella época de comunicaciones difíciles y lentas, cuando la distancia y el espacio desempeñan el papel de un muro que separa y aísla con eficacia, los chiíes intentan alejarse lo más posible del centro del poder (que primero se encuentra en Damasco y más tarde, en Bagdag). Se dispersan por el mundo, atraviesan montañas y desiertos; se ocultan del resto dentro de su clandestinidad. Una parte de sus errantes comunidades se dirige al este. Atraviesa el Tigris y el Éufrates así como los montes Zagros y llega al altiplano desértico de Irán. Así surge la diáspora chií que ha perdurado en el mundo islámico hasta nuestros días. Su epopeya, llena de inauditos actos de sacrificio, de valor y de entereza de espíritu, merecería otro libro.

En esos tiempos Irán, agotado y diezmado por las guerras seculares con Bizancio, acaba siendo conquistado por los árabes, que empiezan a imponer una nueva fe, el islam. Este proceso se desarrolla lentamente y en un ambiente de lucha. Hasta aquel momento los iraníes habían tenido su propia religión oficial (el zoroastrismo) ligada al régimen imperante (el de los Sasánidas) y ahora intentan imponerles otra religión oficial, ligada, a su vez, a un nuevo régimen (extraño, por añadidura): el islam suní. Es un poco como llover sobre mojado.

Pero justo en ese momento aparecen en Irán los chiíes, cansados, paupérrimos, desdichados y con huellas inequívocas del calvario que acaban de pasar. Los iraníes se enteran de que estos chiíes son musulmanes y además (según ellos mismos proclaman) los únicos musulmanes legítimos, los únicos portadores de la fe pura y verdadera por la que están dispuestos a morir. «–Pues bien –preguntan los iraníes–, ¿y vuestros hermanos árabes que nos han conquistado?» «¡Hermanos? –exclaman los chiíes indignados–, pero si ellos son suníes, los usurpadores y los perseguidores nuestros. Han asesinado a Alí y se han hecho con el poder. No, nosotros no los reconocemos. ¡Somos sus enemigos!» Tras esta declaración los chiíes preguntan si pueden descansar del largo y agotador viaje y piden un jarro de agua fresca.

La declaración de aquellos viajeros descalzos hace que los iraníes se den cuenta de algo muy importante: se puede ser musulmán sin por ello pertenecer al régimen. Más aún, de lo que dicen se desprende que se puede ser ¡musulmán en la oposición! y que así se es incluso ¡mejor musulmán! Pronto simpatizan con esos chiíes pobres y perseguidos. También ellos están arruinados por la guerra, y su país gobernado por el invasor. Así que tampoco tardan en encontrar un lenguaje común con aquellos exiliados que buscan refugio entre ellos y cuentan con su hospitalidad. Empiezan a escuchar con suma atención las palabras de los predicadores y un proceso de conversión a su fe se pone en marcha.

Toda la inteligencia e independencia de los iraníes se pone de manifiesto en esta hábil maniobra. Tienen éstos una facilidad muy particular para mantenerse independientes en condiciones de dependencia. A lo largo de cientos de años Irán había sido víctima de agresiones, conquistas y repartos, gobernado durante siglos enteros por extraños o por regímenes locales dependientes de potencias extranjeras, y había sabido mantener por encima de todo su cultura y su lengua, su impresionante personalidad y esa fuerza de espíritu que en condiciones favorables le ha permitido renacer de sus cenizas. A lo largo de los veinticinco siglos de su historia escrita, los iraníes, más tarde o más temprano, siempre han sabido burlar a los que creían poder gobernarlos impunemente. Algunas veces para conseguir este objetivo han tenido que recurrir como arma a la sublevación o la revolución, pagando por ello el trágico tributo de la sangre, y lo han hecho de una manera increíblemente consecuente, casi extrema. Cuando ya están hartos de un poder que se ha hecho insoportable y que no están dispuestos a tolerar por más tiempo, el país entero se queda inmóvil, y todo su pueblo desaparece como si se lo hubiera tragado la tierra. El poder da órdenes, pero no hay quien las oiga; frunce el ceño, pero nadie lo ve; grita, pero es una voz en el desierto. Finalmente el poder se desploma como un castillo de naipes. No obstante, el método que usan con más frecuencia es el de absorber, el de asimilar, y ello de una forma tan activa que el arma extraña se funde y convierte en propia.

Así es como actúan al ser conquistados por los árabes. «Si queréis el islam –dicen a sus ocupantes–, lo vais a tener, pero en una edición nuestra, independiente y rebelde. Seguirá siendo una fe, pero será iraní; una fe en la que se reflejará nuestro espíritu, nuestra cultura y nuestra independencia.» Ésta es la filosofía que lleva a los iraníes a tomar la decisión de adoptar el islam. Lo adoptan, pero en su versión chií, que en aquellos momentos es la fe de los humillados y vencidos, instrumento de oposición y resistencia, ideología de unos rebeldes que están dispuestos a sufrir para no abandonar sus principios porque quieren conservar su independencia y su dignidad. El chiísmo se convertirá para los iraníes no sólo en su religión nacional sino también en su asilo y su refugio; en una forma de supervivencia de este pueblo y, en muchas ocasiones, de lucha y liberación.

Irán se convierte en la provincia más inquieta del imperio musulmán. Hay aquí miles de complots, de sublevaciones; emisarios enmascarados se mueven por todo el país, circulan de manera clandestina octavillas y panfletos. Los representantes del poder ocupante siembran el terror, pero los resultados son contrarios a lo que se pretende. Como respuesta al terror oficial, los chiíes iraníes le declararán la guerra, pero no una guerra frontal, pues son demasiado débiles. Uno de los componentes de la sociedad chií lo constituirá a partir de ese momento el elemento terrorista, si se me permite la expresión. Estas organizaciones terroristas, que a pesar de su reducido tamaño no conocen el miedo ni la piedad, siembran hasta hoy el pánico en Irán. La mitad de los asesinatos que se cometen en el país y de los que se culpa a los ayatolás son ejecuciones de las sentencias de muerte pronunciadas por estos grupos. No en vano se considera que los chiíes han sido los primeros de la historia en inventar la teoría del terror individualizado como método de lucha y los primeros en llevarlo a la práctica. En definitiva, ese aludido elemento terrorista no es más que el producto de las luchas ideológicas que durante siglos fueron desarrollándose en el seno del chiísmo.

A los chiíes, como a cualquier otra comunidad perseguida, condenada a aislarse en guetos y obligada a luchar por su supervivencia, les caracteriza el cerrilismo: un cuidado obsesivo, fanático y ortodoxo por mantener pura su doctrina. Para sobrevivir, el hombre perseguido tiene que conservar intacta su fe en lo justo de su elección así como velar por los principios que han decidido que la elección fuese ésta y no otra. Lo cierto es que todas las escisiones, de las que el chiísmo ha vivido decenas, siempre han tenido un denominador común: el ser escisiones (como diríamos ahora) de extrema izquierda. Siempre se encontró algún grupo fanático que lanzaba ataques a los demás fieles, acusándoles de no profesar la fe con fervor suficiente, de tomarse a la ligera los mandatos de ésta, de ser cómodos y oportunistas.

Entonces se producía la escisión, tras la cual los más fanáticos de entre sus autores echaban mano a la espada para castigar a los enemigos del islam y para pagar con su sangre (pues a menudo morían) por la traición y la pereza de sus hermanos rezagados. Los chiíes iraníes llevan ochocientos años viviendo en las catacumbas, en la clandestinidad. Su vida recuerda el martirio de los primeros cristianos en Roma, arrojados a los leones para ser devorados. A veces parece que van a ser aniquilados hasta el último, que les espera el exterminio definitivo. Años enteros se refugian en las montañas, viven en grutas y mueren de hambre. Sus cantos, que han sobrevivido a lo largo del tiempo, rebosan pena y desesperación; vaticinan el fin del mundo.

Pero también hay épocas de relativa paz durante las cuales Irán se convierte en asilo para todos los opositores del imperio musulmán que llegan hasta allí desde todos los rincones del mundo para encontrar refugio, estímulo y salvación entre los chiíes clandestinos. También pueden recibir enseñanzas en la gran escuela de la conspiración chií. Por ejemplo, pueden aprender el arte de camuflarse (taqiya), lo que facilita su supervivencia. Al encontrarse el chií con un contrincante más fuerte, este arte le permite simular que conoce la religión dominante, incluso declararse su adepto con tal de salvar su propia vida y la de los suyos. Pueden aprender el arte de confundir al contrario (kitman), lo que en situaciones de peligro permite al chií negar absolutamente todo lo que acaba de decir; hacerse el tonto. Por todo ello en la Edad Media Irán se erige en la meca de todo tipo de contestatarios, rebeldes, sublevados, ermitaños de lo más estrafalario, profetas, poseídos, herejes, estigmáticos, místicos, brujos y videntes que aquí llegan por todos los caminos para enseñar, meditar, rezar y profetizar. Todo ello imprime al Irán ese carácter tan típico: un ambiente de religiosidad, de exaltación y misticismo. «Cuando iba al colegio –dice un iraní– era muy piadoso y los demás niños creían que una aureola luminosa rodeaba mi cabeza.» Imaginémonos a un dirigente europeo diciendo que se cayó a un precipicio mientras cabalgaba pero que de repente algún santo alargó el brazo, lo cogió en el aire y así le salvó la vida. En cambio el sha sí narra en su libro tal historia y todos los iraníes la leen con seriedad. Aquí el creer en los milagros es una cosa muy arraigada. Igual que creer en cábalas, signos, símbolos, profecías y apariciones.

En el siglo XVI los soberanos de la dinastía iraní de los Safaríes elevan el chiísmo al rango de religión oficial. Así el chiísmo, que antes era la ideología de la oposición popular, se convierte en la ideología del Estado de Irán, país que se rebela contra la dominación suní del imperio otomano. Sin embargo, con el paso del tiempo, las relaciones entre la monarquía y la iglesia chií se irán deteriorando cada vez más.

El hecho es que los chiíes no sólo rechazan el poder de los califas sino que, además, apenas toleran cualquier poder laico. Irán constituye un caso único de país cuya comunidad cree exclusivamente en la soberanía de sus jefes religiosos, los imanes, de los que el último, por añadidura, abandonó este mundo en el siglo IX, según criterios racionales que no chiíes.

En este punto llegamos a la clave de la doctrina chií, al acto de fe fundamental de sus adeptos. Los chiíes, privados de la oportunidad de hacerse con el califato, deciden dar la espalda a los califas para siempre y empiezan a reconocer tan sólo a los jefes de su propia religión: los imanes. El primer imán es Alí, el segundo y el tercero, sus hijos Hassan y Hussein, y así sucesivamente hasta el duodécimo. Todos estos imanes murieron de muerte violenta, asesinados o envenenados por los califas, que ven en ellos a los dirigentes de una oposición peligrosa. No obstante, los chiíes creen que el último imán, el duodécimo, llamado Mohammed, no ha muerto sino que ha desaparecido en una gruta de la gran mezquita de Samarra (Irak). Eso sucedía en el año 878. Éste es el imán Oculto, el Esperado, que aparecerá en el momento oportuno como Mahdi (guiado por Dios) y fundará en la tierra el reino de la justicia. Después llegará el fin del mundo. Los chiíes creen que si ese imán no existiera, si no estuviera presente, el mundo se derrumbaría. La fe en la existencia del Esperado es la fuente de la fuerza espiritual de los chiíes; con ella viven y por ella mueren. En realidad se trata de la aspiración bien humana de una comunidad que sufre persecuciones y que en esta idea encuentra la esperanza y, lo que es más importante, el sentido de la vida. No sabemos cuándo aparecerá el Esperado; puede llegar en cualquier momento, tal vez hoy mismo. Y entonces cesarán de correr las lágrimas y no habrá nadie que no tenga su sitio en la mesa de la abundancia.

El Esperado es el único jefe al que los chiíes están dispuestos a someterse. En un grado inferior reconocen a sus guías espirituales, a sus ayatolás, y en un grado menor aún, a los shas. Si al Esperado se le rinde un culto sin límites, un sha, por el contrario, no puede pretender más que ser, como mucho, el Tolerado.

Desde los tiempos de los Safaríes ha venido existiendo en Irán un doble poder: el de la monarquía y el de la religión. Las relaciones entre ambas fuerzas han atravesado etapas diversas, pero nunca han sido demasiado amistosas. Cuando se rompe el equilibrio entre estas fuerzas, cuando el sha intenta imponer su poder de una forma absoluta (contando, además, con la ayuda de protectores extranjeros), entonces el pueblo se reúne en las mezquitas y se pone en lucha.

Para los chiíes la mezquita es algo más que un lugar de culto; es un refugio donde esperar que cese la tormenta o, incluso, donde salvar la vida. Es un territorio protegido por la inmunidad; su entrada le está vedada al poder. En el Irán de antaño había existido la costumbre siguiente: si un rebelde perseguido por la justicia se refugiaba en una mezquita, quedaba a salvo; ninguna fuerza era capaz de sacarlo de allí.

En la propia construcción de una iglesia cristiana y una mezquita se pueden encontrar diferencias importantes. La iglesia es un espacio cerrado, un lugar silencioso, dedicado a la oración y al recogimiento. Si en ella alguien se pone a hablar, le llamarán la atención. La mezquita es algo muy diferente. Su parte principal la constituye un patio abierto donde, además de rezar, se puede pasear y discutir e incluso celebrar actos multitudinarios. La mezquita sirve de escenario para una animada vida política y social. El iraní, que es atosigado en el trabajo, que encuentra en las oficinas públicas sólo burócratas gruñones que le atienden de mala gana y que se hacen sobornar, a quien la policía sigue a todas partes, viene a la mezquita para encontrar paz y equilibrio, para recuperar su dignidad. Aquí nadie lo acosa, nadie lo insulta. Aquí las jerarquías desaparecen, todos son iguales, todos son hermanos, y como la mezquita también es lugar de conversación, de diálogo, la persona puede pedir la palabra, expresar su opinión, quejarse y escuchar lo que dicen los demás. ¡Qué alivio en el momento en que más se necesita! Por eso, a medida que la dictadura aprieta las tuercas y el silencio en el trabajo y en la calle se hace cada vez más grande, las mezquitas se llenan de gentío y de bullicio. No es que todos los que allí acuden sean musulmanes fervientes o que les lleve un repentino ataque de religiosidad; van porque quieren respirar, quieren sentirse personas. En el interior de las mezquitas incluso la Savak tiene un campo de acción bastante limitado. Aunque es cierto que detiene y tortura a numerosos ulemas: son los que condenan abiertamente los abusos de poder. El ayatolá Saidi muere en una sesión de tortura: quemado sobre la mesa eléctrica. El ayatolá Azarshari muere instantes más tarde cuando los de la Savak lo sumergen en aceite hirviendo. El ayatolá Teleghani saldrá de la cárcel pero lo hará en un estado tan deplorable que le quedará muy poco de vida. No tiene párpados. Los savakistas se dedicaron a violar delante de él a su hija y Teleghani, al no querer verlo, cerraba los ojos. Entonces le quemaban los párpados con cigarrillos para que los mantuviera abiertos. Todo esto ocurre en los años setenta de nuestro siglo. Sin embargo, el comportamiento del sha en el terreno religioso está lleno de contradicciones. Por un lado persigue a la oposición de los ayatolás, pero por el otro –en su afán de ganar popularidad– se declara musulmán ferviente, va en peregrinación a los lugares sagrados, se sume en la oración y busca las bendiciones de los mulás. En estas condiciones, ¿cómo declarar abiertamente la guerra a las mezquitas?

Pero también hay otro motivo por el que las mezquitas gozan de cierta libertad. Los americanos, que han manejado al sha (lo que le acarreó al monarca toda clase de disgustos y desgracias, pues éstos no conocían el Irán y nunca comprendieron lo que allí ocurría), consideran que los comunistas son los únicos enemigos de Mohammad Reza. Por eso todo el fuego de la Savak se dirige contra su partido, el Tudeh. En este tiempo, empero, quedan ya muy pocos comunistas, pues han sido diezmados y los que no han muerto viven en el exilio. El régimen está tan ocupado en perseguirlos, tanto a los reales como a los imaginarios, que no se percata de que en otro lugar y bajo otros lemas ha surgido una fuerza que acabará con la dictadura.

El chií va a la mezquita también porque siempre tiene una a mano, a tiro de piedra, siempre le pilla una de camino. Sólo en Teherán hay mil mezquitas. El ojo inexperto del turista verá únicamente unas cuantas: las más vistosas. Sin embargo, la mayoría de las mezquitas, sobre todo las de los barrios pobres, son edificios insignificantes, difíciles de distinguir de las deleznables casuchas en las que se amontona la plebe. Están construidas del mismo barro y tan insertas en la monotonía de las calles y de los callejones que al transitar por allí pasamos por delante de muchos de estos templos sin darnos cuenta de su existencia. Eso crea cada día un clima íntimo entre el chií y su lugar de culto. No hace falta organizar expediciones de muchos kilómetros; tampoco hace falta vestirse de fiesta; la mezquita es el quehacer cotidiano, es la vida misma.

Los primeros chiíes que llegaron a Irán eran gente urbana: pequeños comerciantes y artesanos. Se encerraban en sus guetos, construían una mezquita y a su alrededor montaban sus tenderetes y comercios. Allí mismo los artesanos abrían sus talleres. Y como un musulmán debe lavarse antes de orar, también empezaron a surgir los baños públicos. Y como después de orar un musulmán quiere tomar un poco de té o de café o comer algo, también debe disponer de casas de comida y cafés. Así es como surge el fenómeno principal del paisaje urbano iraní: el bazar (palabra que define este lugar de mil colores y sonidos, siempre lleno de gentío, un lugar místico-comercial-consumista). Si alguien dice: voy al bazar, no significa que deba llevar consigo una cesta para las compras. Se puede ir al bazar para rezar, para encontrarse con los amigos, para arreglar algún asunto o para pasar el rato en un café. Se puede ir allí para oír chismes o para participar en una reunión de la oposición. En un solo sitio, en el bazar, el chií satisface todas las necesidades de su cuerpo y de su alma sin tener que recorrer la ciudad, sin apenas moverse. Allí encontrará lo que es imprescindible para la existencia terrestre y también allí, con los rezos y las limosnas, se asegurará la vida eterna.

Los mercaderes más ancianos, los artesanos de más talento y los mulás de la mezquita constituyen la élite del bazar. La comunidad chií entera escucha sus opiniones y sigue sus indicaciones, pues son ellos los que deciden sobre la vida tanto en el cielo como en la tierra.

Si el bazar se declara en huelga y cierra sus puertas, la gente se morirá de hambre y no tendrá acceso al lugar donde podría confortar el espíritu. Por eso la alianza entre la mezquita y el bazar es la fuerza capaz de derribar cualquier poder. Éste fue, precisamente, el caso del último sha: cuando el bazar lo condenó, la suerte del monarca estuvo echada.

A medida que la lucha se volvía más y más encarnizada, los chiíes iban encontrándose cada vez más en su medio. El talento de un chií no se manifiesta en el trabajo sino en la lucha. Contestatarios y rebeldes de nacimiento, gente de gran dignidad y honra e incansables opositores, al ponerse en lucha contra el enemigo se volvieron a encontrar en terreno conocido. Para los iraníes el chiísmo siempre ha sido lo que el sable guardado tras la viga del desván había sido para nuestros conspiradores en las épocas de las sublevaciones. Mientras la vida era soportable y las fuerzas estaban sin organizar, el sable permanecía oculto envuelto en trapos empapados de aceite. Pero cuando sonaba la señal de ataque, cuando llegaba el momento de la acción, se oía el crujir de la escalera que conducía al desván y, luego, el galopar de los caballos y el zumbar de los filos cortando el aire.

Nota 8

Mahmud Azari regresó a Teherán a principios de 1977. Había vivido ocho años en Londres trabajando como traductor de libros para distintas editoriales y en otros textos, encargados por agencias de publicidad. Era un hombre mayor y solitario, al que, aparte de su trabajo, le gustaba en sus ratos de ocio pasear y charlar con sus compatriotas. Durante estos encuentros se discutían principalmente las dificultades por las que atravesaban los ingleses, pues incluso en Londres la Savak era omnipresente, por lo que había que evitar conversaciones alusivas a los problemas del Irán.

Cuando terminaba su estancia en Inglaterra, Mahmud recibió por conductos privados varias cartas de Teherán que le enviaba su hermano. El remitente le aconsejaba volver con la afirmación de que se avecinaban tiempos interesantes. Mahmud tenía miedo a los tiempos interesantes, pero en la familia el hermano siempre había ejercido cierta influencia sobre él. Por eso hizo las maletas y regresó a Teherán.

No pudo reconocer su ciudad. El tranquilo y desértico oasis de antaño se había convertido en un enjambre ensordecedor. Cinco millones de personas apiñadas intentando hacer algo, decir algo, comer algo, ir a alguna parte. Un millón de coches agolpándose en las estrechas callejuelas, y eso que su movilidad era prácticamente nula, pues la columna que avanzaba en un sentido chocaba con la que lo hacía en sentido contrario y ambas, a su vez, eran atacadas, embestidas y diezmadas por las que salían por la derecha y por la izquierda, por el nordeste y por el suroeste, formando entre todas gigantescos atascos humeantes y ensordecedores, aprisionados en los estrechos callejones como en jaulas. Miles de bocinas de automóviles aullaban sin sentido ni utilidad alguna desde la madrugada hasta la noche.

Notó que la gente, tan pacífica y amable tiempo atrás, se peleaba ahora cada dos por tres, montaba en cólera por cualquier motivo, se increpaba sin cesar, gritaba y maldecía. Aquella gente le recordaba a extraños monstruos surrealistas, de los que una parte se inclinaba servilmente ante cualquier persona importante y poderosa mientras que la otra pisoteaba y aplastaba a toda débil. Por lo visto, gracias a ello se conseguía alcanzar un equilibrio interior, que, aunque penoso y vil, era necesario para mantenerse a flote y sobrevivir.

Le invadió la duda de si, al encontrarse por primera vez con semejante monstruo, sería capaz de prever cuál de las dos partes iba a reaccionar primero: la que se inclinaba o la que pisoteaba. Pero no tardó en descubrir que la última era más activa, que no paraba de lanzarse hacia adelante y que sólo retrocedía ante la presión de circunstancias de suma gravedad.

En su primer paseo fue a un parque. Se sentó en un banco ocupado por un hombre con el que intentó entablar conversación. Pero éste se levantó sin pronunciar palabra y se alejó apresuradamente. Volvió a intentarlo con otro hombre que pasaba por allí. El hombre le dirigió una mirada llena de tanto miedo como si estuviera viendo a un loco. Así que lo dejó en paz y decidió volver al hotel en que se alojaba desde su llegada.

En la recepción un tipo medio dormido y gruñón le dijo que debía presentarse a la policía. Por primera vez en ocho años sintió miedo y en aquel mismo momento se dio cuenta de que ese sentimiento no envejecía nunca: el mismo bloque de hielo puesto sobre la espalda desnuda, que recordaba tan bien de los años pasados, la misma pesadez en las piernas.

La policía ocupaba un edificio tétrico y maloliente situado al final de la calle en que estaba el hotel. Mahmud se puso en una larga cola de gente lúgubre y apática. Al otro lado de la barandilla había policías sentados leyendo el periódico. En la enorme habitación llena de gente reinaba un silencio total; los policías estaban absortos en la lectura y nadie de la cola se atrevía a pronunciar palabra. De repente, sin saber por qué motivo, todo se puso en movimiento. Ahora los policías arrastraban las sillas, revolvían los cajones y reunían a los allí congregados usando las palabrotas más soeces.

¿De dónde había salido tanta zafiedad?, se preguntó Mahmud con espanto. Cuando le llegó el turno le dieron un impreso que debía rellenar allí mismo. Vacilaba ante todas las preguntas y notó que todos le miraban con aire de sospecha. Horrorizado, empezó a escribir con nerviosismo y de manera desordenada, como si fuera analfabeto. Sintió que la frente se le empapaba de gotas de sudor y, al comprobar que se le había olvidado el pañuelo, empezó a sudar aún más copiosamente.

Al entregar el impreso, salió de allí a toda prisa y, ya en la calle, absorto en sus pensamientos, chocó con un transeúnte. Éste se puso a insultarlo a voz en cuello. Varias personas se detuvieron. De este modo causó Mahmud una transgresión de las leyes, pues con su comportamiento había provocado una aglomeración de gente. Y eso iba contra las disposiciones legales, que prohibían toda reunión no autorizada. Apareció un policía. Mahmud tuvo que emplear mucho tiempo en explicar que se trataba de un encontronazo casual y que en ningún momento del accidente se habían proferido gritos en contra de la monarquía. A pesar de ello el policía apuntó sus datos personales y se fue con mil rials en el bolsillo.

Regresó al hotel abrumadísimo. Se dio cuenta de que ya lo habían apuntado y además, como si esto fuera poco, lo habían hecho dos veces. Se puso a imaginar qué ocurriría si ambas notas coincidieran en alguna parte. Después se consoló pensando que, tal vez, todo acabaría diluyéndose en el desbarajuste imperante.

A la mañana siguiente fue a verlo su hermano y, tras las acostumbradas palabras de bienvenida, Mahmud le dijo que ya habían tomado nota de su nombre. «¿No sería más prudente –preguntó– volver a Londres?» Tiempo atrás el hermano había dirigido una editorial que más tarde destruyó la Savak. La Savak censuraba los libros una vez impresa toda la tirada. Si algún libro despertaba sospechas, se tenía la obligación de destruir todos los ejemplares y el editor corría con los gastos. De este modo se arruinó a la mayor parte de ellos. Los que se mantuvieron a flote temían arriesgarse –en un país de treinta y cinco millones de habitantes– a lanzar tiradas de más de mil ejemplares. El best seller de la Gran Civilización, *Cómo cuidar su coche,* apareció en una edición de quince mil ejemplares, pero al llegar a esta cifra dejó de imprimirse porque la Savak vio en él alusiones a la situación del gobierno en los capítulos que trataban de las averías del motor, de la mala ventilación o de la batería descargada.

El hermano quería hablar con él pero le pidió salir de la habitación y lo invitó a una pequeña excursión por las afueras de la ciudad al tiempo que le señalaba la araña en el techo, el teléfono, los enchufes y la lamparilla de noche. Se sentaron en un coche viejo y maltrecho y se dirigieron hacia las montañas. Se detuvieron en un camino vacío. Corría el mes de marzo; soplaba un viento helado y había nieve en todas partes. Temblando de frío, se escondieron tras un peñasco.

(«Entonces mi hermano me dijo que debía quedarme porque había empezado la revolución y me iban a necesitar. "¿Qué revolución? –pregunté–. ¿Te has vuelto loco?" Temía cualquier altercado, además odiaba la política. Todos los días hacía mis ejercicios de yoga, leía poesía y traducía. ¿Para qué quería yo política? Pero mi hermano sacó la conclusión de que yo no entendía nada y se puso a explicarme la situación. "Washington –dijo–, es el punto de partida; allí se juega nuestro futuro. Y precisamente en Washington Jimmy Carter está hablando ahora de los derechos humanos. ¡El sha no puede ignorarlo! Debe parar la tortura, soltar de la cárcel a una parte de los presos e instaurar un Estado democrático, aunque sólo sea de fachada. Por el momento, ¡con esto nos basta!" Mi hermano se mostraba muy excitado; yo intentaba hacerle callar a pesar de que no había un alma alrededor. Durante aquel encuentro me dio un texto escrito a máquina de más de doscientos folios. Se trataba de un memorándum de nuestro escritor Alí Asqar Djawadi, de una carta abierta dirigida al sha. En ella escribía Djawadi sobre la crisis que vivíamos, la dependencia del país y los escándalos de la monarquía. También sobre la corrupción, la inflación, las persecuciones y la desmoralización general. Mi hermano me dijo que este documento circulaba clandestinamente y que gracias a que la gente iba sacando copias existían cada vez más ejemplares del mismo. "Ahora –añadió–, estamos esperando la reacción del sha. A ver si a Djawadi lo meten en la cárcel o no. De momento recibe amenazas por teléfono pero la cosa no pasa de ahí. Suele ir a nuestro café; podrás hablar con él." Le respondí que tenía miedo a encontrarme con un hombre a quien sin duda vigilaban.»)

Volvieron a la ciudad. Una vez encerrado en su habitación Mahmud pasó toda la noche leyendo el memorándum. Djawadi acusaba al sha de haber destruido el espíritu del pueblo. «Todo pensamiento –escribía– está siendo destruido y los hombres más ilustres, condenados al silencio. La cultura, o ha sido metida entre rejas, o se ha visto obligada a pasar a la clandestinidad», y advertía que el progreso no podía medirse por el número de tanques y de máquinas. La única medida del progreso es el hombre que se siente digno y libre. Al tiempo que Mahmud leía estas páginas aguzaba el oído para poder detectar cualquier ruido de pasos que viniera del pasillo.

Al día siguiente lo que más le preocupaba era qué hacer con el escrito. Como no quería dejarlo en la habitación, se lo llevó consigo, pero, una vez en la calle, se dio cuenta de que semejante fajo de papeles podía despertar sospechas. Compró un periódico y entre sus hojas ocultó el memorándum. Sin embargo, a pesar de esta medida, temía que lo detuviesen y registrasen en el momento menos pensado. Los peores ratos los pasaba cada vez que tenía que atravesar el vestíbulo donde estaba situada la recepción. No le cabía la menor duda de que a los empleados no les habría dejado de llamar la atención aquel paquete que siempre llevaba bajo el brazo. Por si acaso decidió limitar sus salidas y entradas. Poco a poco iba encontrando a los amigos de su época de estudiante. Por desgracia, parte de ellos habían muerto, muchos vivían en el exilio y unos cuantos estaban en la cárcel. Pero, finalmente, consiguió enterarse de las direcciones actuales de algunos. Fue a la universidad, donde encontró a Alí Kaidi, con quien, años atrás, había organizado excursiones a las montañas. Kaidi era ahora profesor de botánica especializado en plantas de hoja perenne. Mahmud le preguntó con precaución por la situación del país. Después de reflexionar un rato Kaidi le respondió que llevaba años ocupándose exclusivamente de las plantas de hoja perenne. A continuación pasó a desarrollar este tema, diciendo que los territorios donde crecían estas plantas se distinguían por un clima singular. Allí llovía en invierno y los veranos, por el contrario, eran secos y calurosos. En invierno, explicaba, se desarrollaban mejor las especies efímeras, tales como los terofitos y los geofitos, mientras que el verano era la estación de los xerofitos, pues se trataba de plantas que tenían la cualidad de poder limitar la transpiración. Mahmud, a quien estos nombres no le decían nada, preguntó al amigo de una manera bastante vaga y general si se esperaban acontecimientos importantes. Kaidi volvió a reflexionar, pero al cabo de un rato se puso a hablar de la espléndida corona que tenía el cedro atlántico *(cedrus atlantica)*. «Pero también –añadió con animación– he hecho últimamente trabajos de investigación acerca del cedro del Himalaya *(cedrus deodara)* y debo decir que me ha causado gran alegría comprobar que es aún más hermoso.»

Otro día encontró a un amigo con quien en los tiempos de colegial había intentado escribir un drama. El amigo ocupaba ahora el cargo de alcalde de la ciudad de Karadj. Al término de una comida en un buen restaurante a la que había sido invitado por el alcalde, Mahmud le preguntó por el ambiente que se respiraba entre la sociedad. Pero el alcalde no quiso tocar ningún tema que no se ciñese a los asuntos de su ciudad. «En Karadj –dijo–, se están asfaltando las calles más importantes. Se ha empezado a construir un alcantarillado del que ni el mismo Teherán puede presumir.» Una avalancha de cifras y fechas aplastó a Mahmud, quien se dio cuenta de lo inoportuno de su pregunta. No obstante, decidió insistir y preguntó al amigo de qué hablaban con más frecuencia los habitantes de su ciudad. Este se quedó pensativo. «¿Qué sé yo? De sus problemas. Esa gente no piensa, todo les da igual, son unos perezosos, unos apolíticos, sólo les preocupa su pequeño mundo. ¡Los problemas del Irán! ¿Qué les importa eso?» Y luego siguió hablando sin parar de cómo habían construido la fábrica de paraldehído y de cómo iban a inundar con él todo el país. Pero Mahmud, como no sabía lo que significaba aquella palabra, se sintió ignorante: un hombre que se había quedado atrás. «Y ¿no te preocupa nada en absoluto?», preguntó con asombro al amigo. «¡Por supuesto que sí! –contestó éste. E inclinándose sobre la mesa, añadió en voz baja–: los productos que salen de estas fábricas nuevas no sirven para nada. No son más que basura cochambrosa. La gente no quiere trabajar; lo hace todo de cualquier manera. La apatía y una cierta resistencia imperan por todas partes. El país entero se ha quedado embarrancado.» «Pero ¿por qué?», preguntó Mahmud. «No lo sé –le contestó el amigo al tiempo que se erguía y llamaba al camarero–, me resulta difícil explicármelo a mí mismo.» En aquel momento Mahmud, abrumado, notó que el alma sincera del escolar dramaturgo que nunca había llegado a ser, después de emerger por breves instantes para pronunciar esas pocas palabras extraordinarias, enseguida volvía a esconderse tras una barricada de generadores, volquetes, correas de transmisión, llaves y palancas.

(«Para esa gente las cosas concretas constituyen un refugio, un asilo, incluso una tabla de salvación. Un cedro, eso sí es una cosa concreta; el asfalto también lo es. Uno puede pronunciarse siempre de una manera totalmente libre sobre cualquier tema referente a cosas concretas. Lo concreto tiene la virtud de poseer unos límites claramente dibujados y provistos de timbres de alarma. Si una mente absorta en algo concreto empieza a acercarse a uno de estos límites, los timbres le advertirán de que más allá se expande, acechante, el peligroso campo de las ideas generales, de las reflexiones indeseables y de las síntesis. Al oír la señal, la mente prudente retrocederá y volverá a sumirse en lo concreto. Podemos contemplar todo este proceso mirando el rostro de nuestro interlocutor. Se muestra muy animado, mientras perora intercalando miles de números, de porcentajes, de siglas y de fechas. Vemos que se siente muy cómodo pisando firme sobre lo concreto. Entonces le hacemos la siguiente pregunta: «Bien, pero si esto es así, ¿por qué, pues, la gente no se muestra, cómo diría yo, contenta?» En ese momento vemos cómo cambia la cara de nuestro interlocutor, ha oído la señal de los timbres de alarma. «¡Atención!, estás a punto de traspasar los límites de lo concreto.» El interlocutor se calla y busca febrilmente una salida a tal situación, que no es otra, cómo no, que la vuelta a lo concreto. Contento por haber esquivado el cepo, por no haberse dejado atrapar, respira con alivio y otra vez se pone a perorar muy animado; nos aplasta con su concreción, que puede ser un objeto, una cosa, una criatura o un fenómeno. Una de las características de lo concreto consiste en que no tiene por sí solo la cualidad de unirse con otras concreciones para, espontáneamente, formar un cuadro general. Por ejemplo, alguna concreción negativa puede existir paralelamente con otra positiva sin que por ello las dos formen un cuadro conjunto, a menos que las una el pensamiento humano. Sin embargo, este pensamiento, al ser detenido en los límites de cualquier concreción por la señal de alarma, no puede cumplir su cometido y por eso distintas concreciones negativas pueden convivir durante mucho tiempo sin formar un panorama inquietante. Si se consigue llegar a una situación en la que cada cual se encierre dentro de sus límites, obtendremos entonces una sociedad atomizada, compuesta por un número equis de unidades concretas, incapaces de unirse en un colectivo que actúe de manera conjunta.»)

Mahmud decidió, empero, desprenderse de las cosas terrestres para volar hacia el país de la imaginación y de la sensibilidad. Logró encontrar a un amigo suyo del que sabía que había llegado a ser un poeta reconocido. Hassan Rezvani lo recibió en su moderno y lujoso chalet. Sentados junto a la piscina (había empezado ya el calurosísimo verano) de un jardín muy bien cuidado, empezaron a saborear sorbo a sorbo un gin tonic servido en vasos cubiertos por una fina capa de hielo. Hassan se quejaba del cansancio que le había producido un viaje por Montreal, Chicago, París, Ginebra y Atenas y del

107

que acababa de regresar el día anterior. Lo había realizado con objeto de pronunciar conferencias sobre la Gran Civilización, sobre la Revolución del Sha y del Pueblo. Una tarea ingrata, confesó, pues algunos alborotadores se habían dedicado con sus gritos a hacerle la vida imposible; habían tratado de impedirle que hablase y no le habían ahorrado insultos. Hassan le enseñó a Mahmud su último volumen de poesías, que había dedicado al sha. El primer poema se titulaba: «Allá donde dirija su mirada, brotarán las flores.» Los versos rezaban: basta que el sha pose su mirada para que brote y florezca un clavel o un tulipán.

Y allí donde por más tiempo su mirada posa,
Allí florecen las rosas.

Otro poema se titulaba: «Donde se detenga, manará una fuente», y en él se aseguraba que del lugar donde se posase el pie del monarca brotaría una fuente de agua cristalina.

Y si el sha para más de un instante
Brotará de allí un río flamante.

Esos poemas se leían en la radio y en diversos actos. El monarca en persona había emitido juicios muy favorables acerca de ellos y a Hassan se le había otorgado una beca de la Fundación Pahleví.

Un día, mientras Mahmud caminaba por una calle, vio a un hombre que estaba de pie apoyado en un árbol. Al pasar por su lado, reconoció en él (aunque no le fue nada fácil) a Mohsen Djalaver, con quien había trabajado años atrás en una revista estudiantil. Mahmud sabía que Mohsen había sido torturado y encarcelado por haber alojado en su casa a un amigo suyo que era muyahidín. Se detuvo; quería estrecharle la mano. El otro le dirigió una mirada ausente. Mahmud le recordó su nombre. Inmóvil, Mohsen contestó: «Me da lo mismo.» Seguía en la misma postura, con la vista clavada en el suelo. «Vámonos a alguna parte –le dijo Mahmud–, quisiera charlar contigo.» Sin cambiar de postura y con la cabeza agachada, el otro repitió: «Me da lo mismo.» Mahmud sintió que un frío extraño se apoderaba de él. «Escúchame –intentó de nuevo–, ¿tal vez podamos quedar para otro día?» Mohsen no contestó, sólo que de repente se encogió más todavía y dijo en voz muy baja, en un susurro ahogado: «Llévate las ratas.»

Transcurrido algún tiempo, Mahmud alquiló un modesto apartamento en el centro de la ciudad. Aún no había acabado de deshacer las maletas cuando se personaron ante él tres hombres, que, tras darle la bienvenida como a un nuevo vecino del barrio, le preguntaron si era miembro del partido del sha, el Rastajiz. Mahmud les contestó que no, pues acababa de regresar de Europa, donde había vivido algunos años. Esto despertó sospechas en los hombres, puesto que los que podían, más que volver, se marchaban. Empezaron a preguntarle por el motivo de su regreso; uno de ellos lo apuntaba todo en una libreta. Mahmud comprobó, no sin terror, que de esta manera tomaban nota de él ya por tercera vez. Los visitantes le entregaron una solicitud de ingreso en el partido pero Mahmud les dijo que no quería militar en él porque toda su vida había sido una persona apolítica. Los hombres le miraron estupefactos, pues –debían de haberse dado cuenta– el nuevo inquilino no sabía lo que decía. Así que le dieron a leer un folleto en el que aparecían, impresas en grandes caracteres, las siguientes palabras del sha: «Los que no pertenezcan al partido Rastajiz son o bien unos traidores, cuyo lugar está en la cárcel, o bien aquellos que no creen en el Sha, el Pueblo y la Patria y por eso no deben esperar que se les trate como a los demás.» No obstante, Mahmud tuvo el valor suficiente para pedirles un día de plazo para tomar la decisión, explicando que debía hablar antes con su hermano.

El hermano dijo: «No tienes otro remedio. ¡Pertenecemos todos! El pueblo entero como un solo hombre debe pertenecer a él.» Mahmud regresó a casa y pidió ingresar en el partido a la segunda visita de los activistas. Y así fue como se convirtió en militante de la Gran Civilización.

Poco tiempo después recibió una invitación para presentarse en la sede del Rastajiz que estaba situada en las inmediaciones de su casa. Se iba a celebrar allí una reunión de artistas que debían homenajear con sus obras el trigésimo séptimo aniversario de la subida al trono del monarca. Todos los aniversarios ligados a la persona del sha y a sus obras más grandes –la Revolución Blanca y la Gran Civilización– se celebraban de una manera solemne y pomposa; toda la vida del imperio transcurría de un aniversario a otro en un ritmo grave, adornado y ceremonioso. Con el calendario en la mano, cantidades incalculables de gente vigilaban alertas para no dejar pasar el día del cumpleaños del monarca, el de su última boda, el de su coronación, el día en que vino al mundo el sucesor del trono y los descendientes sucesivos, felizmente nacidos. Además, se iban añadiendo más y más fiestas nuevas a las tradicionales. Apenas se acababa un aniversario, cuando ya se estaba preparando el siguiente y ya se detectaba en el ambiente la fiebre y la excitación: cesaba todo trabajo, todo el mundo se disponía a participar en el nuevo día que iba a transcurrir en medio de ruidosos banquetes, premios, felicitaciones y una liturgia solemne.

Esta vez en la reunión se discutían los proyectos de nuevos monumentos al sha que debían inaugurarse el día del aniversario. En la sala se sentaban unas cien personas y al dirigirse a ellas el presidente subrayaba una y otra vez que se trataba de grandes hombres. Sin embargo, ninguno de los apellidos mencionados le decía nada a Mahmud. «¿Quiénes son aquellos –preguntó Mahmud a su vecino– que se sientan delante, en los sillones de raso?» «Son unos hombres especialmente distinguidos –le contestó éste en un susurro–, un día recibieron de la mano del sha un ejemplar firmado de un libro suyo.»

Presidía la reunión un escultor, Kourosh Lashai, a quien Mahmud había conocido un día en Londres. Lashai había pasado muchos años en esa ciudad y en París intentando hacerse una carrera artística. Pero nada le había salido bien; no tenía talento y no había logrado ser reconocido. Tras una serie de fracasos, desilusionado y con el orgullo herido, regresó a Teherán. Pero como hombre ambicioso que era no podía admitir su fracaso, así que buscó una compensación. Se apuntó al Rastajiz y desde aquel momento empezó a ascender un peldaño tras otro. Al cabo de poco tiempo fue nombrado miembro principal del jurado de la Fundación Pahleví, empezó a decidir sobre premios, pasando a ser considerado el teórico del realismo imperial. Se pensaba que una palabra de Lashai lo decidía todo, circulaba la opinión de que era el consejero del sha en asuntos de cultura.

Cuando Mahmud salía de la reunión se le acercó un escritor y traductor, Golam Qasemi. No se habían visto en muchos años; Mahmud vivía en el extranjero mientras Golam seguía en Irán, escribiendo relatos que glorificaban la Gran Civilización. Vivía por todo lo alto, tenía acceso libre a palacio, sus libros aparecían encuadernados en piel. Golam quería decirle algo importante, por eso se lo llevó casi por la fuerza a un café armenio. Una vez allí, desplegó sobre unas mesas un semanario y le dijo con una voz llena de orgullo: «¡Mira lo que he conseguido publicar!» Se trataba de una traducción de poesía de Paul Éluard. Mahmud echó una ojeada a los versos y preguntó: «¿Qué de extraordinario tiene eso?» «¿Cómo –exclamó Golam indignado–, no lo entiendes? Léelo con atención.» Mahmud lo leyó con suma atención, sin embargo preguntó por segunda vez: «¿Qué tiene de extraordinario? ¿De qué te sientes tan orgulloso?» «¡Hombre! –exclamó Golam enfurecido–, ¿te has vuelto ciego? Fíjate:

Llegó tal hora de tristeza, de noche, negra como el hollín,
Que sería indigno echar de casa hasta a los ciegos.»

Mientras leía, subrayaba sobre el papel con la uña cada una de las palabras. «¡A cuántos subterfugios no he tenido que recurrir –gritaba excitado– para convencer a la Savak de que esto podía publicarse! ¡En este país, donde todo debe rebosar optimismo, debe florecer y sonreír, aparece de repente "llegó tal hora de tristeza"! ¿Puedes imaginártelo?» Su rostro expresaba victoria. Estaba orgulloso de su valor.

Sólo en aquel momento, al contemplar Mahmud la cara encogida pero vivaz de Golam, creyó por primera vez en que se estaba acercando la revolución. Le pareció haberlo comprendido todo. Golam presentía la catástrofe que estaba a punto de llegar. Había puesto en marcha unas maniobras astutas, estaba cambiando de bando, intentaba limpiarse, pagaba su tributo a la fuerza que avanzaba inexorablemente y cuyos amenazantes pasos retumbaban ya con un eco sordo en su corazón despavorido y asediado. Por el momento Golam había colocado, a escondidas, una chincheta sobre el cojín escarlata en el que solía sentarse el sha. No era una bomba que pudiese estallar, no. El sha no moriría de ello. Golam, en cambio, se sentiría mejor: ¡se había pronunciado en contra! Ahora enseñaría mil veces aquella chincheta, hablaría mucho de ella, buscaría reconocimiento y elogios entre sus allegados, en fin, estaría muy contento por haber demostrado su independencia.

Sin embargo, por la noche a Mahmud le asaltaron las dudas de siempre. Estuvo paseando junto a su hermano por las calles, que se iban quedando vacías. Pasaban al lado de rostros cansados, apagados. Fatigados, los transeúntes corrían hacia sus casas o esperaban en silencio el autobús. Había algunos hombres sentados contra una tapia; dormitaban con las cabezas apoyadas en las rodillas. «¿Quién hará esa revolución tuya? –preguntó Mahmud señalándoles con una mano–. ¡Si aquí todo el mundo duerme!» «Esa misma gente –repuso el hermano–. Los mismos que estás viendo. Un buen día les crecerán alas.» Pero Mahmud no era capaz de imaginárselo.

(«Sin embargo, a comienzos del verano empecé a sentir que algo estaba cambiando, algo se despertaba en la gente, en el aire. Era un ambiente difícil de definir, tal vez parecido al momento del despertar tras un sueño agotador. De momento los americanos habían presionado al sha para que soltara de las cárceles a una parte de los intelectuales. No obstante, el sha esquivaba hacerlo: soltaba a unos mientras encerraba a otros. Aunque lo más importante había sido el que hubiese tenido que ceder, aunque fuese en una mínima parte, el que en aquel sistema tan rígido y duro hubiese aparecido una primera fisura, una grieta. Esta circunstancia la aprovechó un grupo de gente deseosa de resucitar la Asociación de Escritores de Irán. El sha la había clausurado en el 69. De todos modos estaban prohibidas todas las organizaciones, hasta las más inocentes. Existían tan sólo el Rastajiz y la mezquita. *Tertium non datur.* Y el gobierno seguía sin dar su conformidad para que los escritores tuviesen su asociación. Así que empezaron a celebrarse reuniones secretas en casas particulares. Por lo general se trataba de antiguas mansiones en las afueras de Teherán, lugares más idóneos para las condiciones de la clandestinidad. Estas reuniones se llamaban "veladas culturales". Primero se leían poesías y después se discutía acerca de la situación del momento. En estas discusiones se afirmaba que todo el programa de desarrollo –inventado por el sha para servirle fielmente– se había derrumbado de forma definitiva, que nada funcionaba ya, que el mercado ofrecía cada vez menos productos aunque, eso sí, a precios cada vez más altos; que los alquileres se llevaban las tres cuartas partes del salario, que la élite, incapaz pero codiciosa, expoliaba al país, que las empresas extranjeras sacaban de él enormes sumas de dinero, que el armamentismo absurdo se comía la mitad de los beneficios que producía el petróleo, etc. De todas estas cosas se hablaba de una manera cada vez más abierta y en voz cada vez más alta. Me acuerdo de que en una de aquellas veladas vi por primera vez a personas que acababan de salir de la cárcel. Eran escritores, científicos, estudiantes. Contemplé con suma atención sus rostros; quería ver qué huella dejaban en el hombre el miedo y el sufrimiento exarcebados. Me dio la impresión de que había algo de anormal en sus comportamientos. Se movían inseguros, aturdidos por la luz y por la presencia de otras personas. Guardaban una distancia prudencial de los que los rodeaban como si temiesen que el contacto con otro hombre pudiese terminar con una paliza. Uno de ellos tenía un aspecto aterrador: su cara y sus manos estaban cubiertas de cicatrices causadas por quemaduras; necesitaba un bastón para andar. Era un estudiante de derecho. Durante un registro en su casa habían encontrado algunas octavillas de los fedayines. Me acuerdo que contaba que los Savak lo habían llevado a una sala de grandes proporciones, una de cuyas paredes era de hierro candente. En el suelo había dos raíles y, sobre ellos, una silla de metal provista de ruedas, a la que lo ataron con unas correas. Un savakista apretó un botón y la silla empezó a deslizarse hacia la pared al rojo vivo. Era un movimiento lento pero rítmico: tres centímetros cada minuto. Había calculado que tardaría dos horas en llegar hasta la pared, pero ya al cabo de una no podía soportar la temperatura y empezó a gritar diciendo que lo confesaría todo, aunque no tenía nada que confesar; aquellas octavillas las había encontrado en la calle. Todos le escuchábamos en silencio; el estudiante lloraba. Siempre recordaré lo que exclamó a continuación: "¡Dios!, ¿por qué me has infligido un castigo tan terrible como es la capacidad de pensar? ¡¿Por qué me has enseñado a pensar en vez de enseñarme a ser sumiso como un borrego?!" Al final se desmayó; tuvimos que llevarlo a otra habitación. Aun así, el suyo no era un caso de los peores. La mayoría de los que habían salido de las mazmorras por lo general no decían nada, ni una palabra.»)

Pero la Savak no tardó en descubrir los lugares de estas reuniones. Una noche, cuando ya habían abandonado el chalet y caminaban hacia la carretera por un sendero, Mahmud oyó de repente un crujido entre los arbustos. No pasó ni un momento cuando el lugar se convirtió en un hervidero; oyó unos gritos, le pareció que la oscuridad se volvía violentamente densa y sintió un golpe tremendo en la cabeza. Se tambaleó, cayó de bruces sobre el sendero de piedra y perdió el conocimiento. Cuando lo recuperó, estaba en brazos de su hermano. A través de los párpados hinchados y chorreando sangre, le resultó muy difícil reconocer en la oscuridad su rostro, gris y lleno de moretones. Oyó unos gemidos; alguien pedía ayuda. De pronto reconoció la voz del estudiante, que debía de haber sufrido un shock, pues no cesaba de repetir con un hilo de voz, como si hablara desde ultratumba: «¡¿Por qué me has enseñado a pensar?! ¡¿Por qué me impusiste este castigo tan cruel?!» Entonces Mahmud vio que a uno de sus compañeros le colgaba, inerte, un brazo; se lo habían roto. También vio cómo le sangraba la boca a un hombre que estaba arrodillado junto a él. Poco a poco empezaron a caminar todos juntos hacia la carretera, muertos del temor a una nueva paliza.

A la mañana siguiente Mahmud se quedó en cama con la cabeza vendada y la frente cosida. El portero le subió el periódico en que pudo leer la descripción del suceso de la víspera. «Anoche, en las inmediaciones de Kan, unos delincuentes con amplios antecedentes penales organizaron en uno de los chalets de la zona una repugnante orgía. Los patrióticos vecinos del lugar les llamaron la atención repetidas veces sobre lo inadecuado y lo repulsivo de su comportamiento. Sin embargo, la banda, que se creía inmune, en vez de seguir los justos consejos de los patriotas, se abalanzó sobre ellos con piedras y porras. ¡Al ser violentamente atacada, la población del lugar se vio obligada a actuar en defensa propia y para restablecer el orden que hasta ayer había imperado en la zona!» Mahmud gemía, sentía que tenía fiebre, la cabeza le daba vueltas.

Por la noche fue a verle su hermano. Estaba alterado, excitado. Sin tan siquiera mirar las heridas de Mahmud, sacó de su cartera un texto mecanografiado de un grosor considerable y se lo dio a leer como si ya no se acordase de la agresión de la noche anterior. Mahmud se puso las gafas con dificultad. «¡Una carta más –dijo desanimado apartando el escrito–, déjame en paz!» «Pero ¡hombre –le reprochó su hermano indignado–, míralo bien, es un asunto muy serio!» Y Mahmud, obligado a leer a pesar del dolor que sentía en la cabeza, tuvo que reconocer, al rato, que, en efecto, se trataba de un asunto de lo más serio y extraordinario. Tenía ante sí la copia de una carta que dirigían al sha los tres colaboradores de más confianza de Mossadegh. Mahmud leyó las firmas: Karim Sandjabi, Shahpur Bajtiar, Dariush Forouhar. «Grandes nombres –pensó–, de enorme prestigio.» En diferentes épocas todos ellos habían sido presos del sha; Bajtiar había sido encarcelado seis veces.

«Desde el año 1953 –leyó Mahmud– Irán vive en una atmósfera de miedo y terror. Toda oposición es brutalmente aplastada en sus mismísimos comienzos, pero, si consigue salir a la luz del día, es ahogada en un baño de sangre. El recuerdo de los días en que se podía discutir en la calle, cuando los libros se vendían libremente, cuando, en tiempos de Mossadegh, era lícito manifestarse, con el paso de los años se ha convertido en un sueño cada vez más lejano, que queda ya desdibujado en nuestra memoria. Se ha prohibido toda actividad, por más insignificante que sea, desde el momento en que la corte no la ve con demasiados buenos ojos. El pueblo está condenado al silencio, no se le permite que deje oír su voz, ni expresar su opinión, ni tampoco levantar ninguna protesta. Sólo queda un camino: el de la lucha clandestina.»

Mahmud se quedó absorto en el capítulo titulado «La alarmante situación económica, social y moral de Irán». Se trataba en él del estado desastroso de la economía nacional, de las terribles desigualdades sociales, de la ruina de la agricultura, del premeditado embrutecimiento de la sociedad y de la depresión moral a la que había sido empujado el pueblo. «Pero –leía– no se debe tomar el silencio y la resignación aparente del pueblo por indiferencia ni, menos aún, por el acatamiento del actual estado de las cosas. La protesta puede adoptar formas muy diversas, y sólo las masas saben elegir la forma más oportuna en una situación dada.» La carta estaba escrita en un tono

115

firme; sonaba como un ultimátum. Terminaba con demandas de reformas, democracia y libertad. «Esta gente irá a la cárcel», pensó Mahmud dolorido y agotado, colocando la carta a un lado. En las sienes sentía el fuego de la fiebre.

Días más tarde volvió a visitarlo su hermano, acompañado de un hombre a quien Mahmud no conocía. Era un obrero de la fábrica de herramientas de Karadj. Este hombre le informó de que en todas partes se organizaban cada vez más huelgas. Nunca había habido tantas como aquel año. «Las huelgas están prohibidas y por eso se las aplasta –dijo–, pero la gente no ve otra salida; la vida se ha vuelto insoportable. La Savak dirige los sindicatos y gobierna la fábrica; el obrero es un esclavo. Es cierto que los salarios aumentan, pero los precios aumentan mucho más deprisa; cada vez es más difícil llegar a fin de mes.» Sus fuertes brazos hicieron un movimiento hacia un punto determinado en el espacio pero se pararon antes de llegar a él, como si una fuerza magnética les hubiese impedido continuar. Añadió que los obreros de Karadj se habían dirigido hacia Teherán para exigir aumentos salariales ante el Ministerio de Trabajo. El ejército había salido a su encuentro abriendo fuego. A ambos lados del camino no había más que un vasto desierto; no había adónde huir. Los que sobrevivieron volvieron sobre sus pasos, llevándose consigo a muertos y heridos. Setenta muertos y doscientos heridos graves. La ciudad se ha puesto de luto y espera la hora de la venganza.

«El sha tiene los días contados –dijo el hermano, con voz decidida–. No se puede masacrar a un pueblo indefenso durante años.» «¿Contados? –exclamó Mahmud con asombro, al tiempo que levantaba la cabeza llena de vendajes–. ¿Has perdido el juicio? ¿Has visto su ejército?» Por supuesto que su hermano lo había visto; la pregunta era retórica. Continuamente veía Mahmud las divisiones del sha en el cine y en la televisión. Los desfiles, las maniobras, los cazabombarderos, los cohetes, los cañones que apuntaban directamente a su corazón. No sin cierto escalofrío contemplaba la hilera de ancianos generales que se erguían con esfuerzo ante el monarca. «Sería interesante ver –pensaba– cómo se comportarían si a su lado estallase una bomba de verdad. ¡Seguro que les daba un infarto!» De un mes a otro las pantallas de televisión mostraban cada vez más tanques y cañones.

Mahmud opinaba que se trataba de una fuerza terrible, capaz de vencer cualquier obstáculo, capaz de convertirlo todo en polvo y sangre. Empezaron los agobiantes meses del verano. El desierto que rodea Teherán por el sur exhalaba fuego. Mahmud ya se encontraba bien, por lo que decidió dar un paseo cada noche. Salió a la calle por primera vez desde hacía mucho tiempo. Era ya muy tarde. Vagaba por unos callejones estrechos y oscuros, próximos a un gigantesco y siniestro edificio de apresurada construcción, ya casi acabado. Se trataba de la nueva sede del Rastajiz. En un determinado momento le pareció detectar en la oscuridad unas siluetas que se movían así como a alguien que salía de entre los arbustos. «Pero si aquí no hay ningún arbusto», se dijo intentando tranquilizarse a sí mismo. A pesar de ello, asustado, dobló por la calle más próxima. Tenía miedo aunque sabía que sus temores carecían de un motivo determinado. Sintió frío y decidió volver a casa. Caminó calle abajo, hacia el centro. De repente oyó a su espalda los pasos de un hombre. Se quedó perplejo: no le cabía duda de que la calle estaba vacía y de que no había visto a nadie por allí. Involuntariamente apretó el paso, pero el de atrás hizo otro tanto. Durante algún tiempo marcharon rítmicamente, izquierda, derecha, izquierda, derecha, como dos vigilantes de guardia. Mahmud tomó la decisión de andar más deprisa aún. Daba pasos cortos pero firmes. El otro hizo exactamente lo mismo; incluso acortó un poco la distancia entre los dos. Será mejor que aminore la marcha, decidió Mahmud buscando salir de la ratonera. Sin embargo, el miedo resultó más fuerte que el sentido común; sintió que se le erizaba la piel. Alargó más el paso. Temía provocar al otro y pensó que de aquella manera alejaba el momento del golpe. Pero el de detrás estaba ya muy cerca; sentía su aliento; los pasos de ambos resonaban en el túnel de la calle en un mismo eco. Mahmud no pudo resistir más y echó a correr. En el mismo momento el otro se lanzó tras él. Mahmud corría con todas sus fuerzas; su chaqueta se agitaba en el aire como una bandera negra. De pronto se dio cuenta de que al otro se le unían más hombres. Oía retumbar a sus espaldas decenas de pasos que lo seguían con el estruendo de un alud. Aún corría pero la respiración empezaba a fallarle; estaba empapado, casi inconsciente; sentía que de un momento a otro se iba a desplomar.

117

Con un resto de sus fuerzas alcanzó el portal más próximo y se agarró a las rejas de una ventana, se alzó y se quedó allí colgado. Pensó que el corazón estaba a punto de estallarle. Tenía la sensación de que puños ajenos le rompían las costillas, se le hendían en la carne y le golpeaban despiadadamente, causándole un dolor insoportable, mortal. Finalmente empezó a recuperar el equilibrio, a serenarse. Miró a su alrededor. En la calle no había ni un alma; un gato gris se deslizaba por una tapia. Despacio y oprimiéndose el corazón con una mano, emprendió el camino de casa arrastrando las piernas; destrozado, vencido, deshecho.

(«Empezó todo aquella noche de primavera en que nos atacaron al salir de la reunión. Desde entonces he tenido miedo, mucho miedo. Este miedo solía adueñarse de mí en los momentos más inesperados, siempre me agarraba desprevenido. Me daba vergüenza, pero no conseguía quitármelo de encima. Me sentía cada vez más incómodo. Comprobaba con horror que al llevar el miedo dentro, a pesar mío, formaba yo parte del sistema que en él se basaba. En efecto, de una manera muy especial se había establecido entre el dictador y yo como una suerte de alianza, terrorífica pero estable, una especie de simbiosis patológica. Por culpa de mi miedo me había convertido en uno de los pilares del sistema que tanto odiaba. El sha podía contar conmigo, es decir, contaba con mi miedo, con que éste no me iba a fallar y, por consiguiente, con que yo no le fallaría en sus cálculos, que consistían en que yo respondiese con una sacudida de terror a cualquier voz de arriba. Sí, el régimen se apoyaba en mí, no lo puedo negar. Si hubiese sabido deshacerme del miedo, habría socavado los cimientos en los que se asentaba el trono o, por lo menos, los habría socavado en parte, en el soporte que mi miedo les prestaba, o, incluso, creaba, pero por entonces todavía no era capaz de hacerlo.»)

Pasó todo el verano encontrándose mal; recibía con indiferencia las noticias que le traía su hermano.

Mientras, todo el mundo vivía ya sobre un volcán: cualquier chispa podía provocar el incendio. En Kermanshah un caballo atacó a la gente. Algún campesino lo había llevado a la ciudad y lo había atado a un árbol que crecía en uno de los lados de la calle principal. Al ver coches el animal se asustó, rompió las riendas e hirió a varias personas. Al final un soldado lo mató de un tiro. Una multitud se congregó alrededor del caballo muerto. Llegó la policía y empezó a dispersar a los congregados. De entre la multitud salió una voz: ¿dónde estaba la policía cuando el caballo atropellaba a la gente? Fue la señal para que se iniciase una auténtica batalla. Los policías abrieron fuego. Pero la multitud seguía creciendo. La ciudad entera se convirtió en un hervidero; por todas partes se levantaban barricadas. Llegó el ejército y el gobernador militar de la plaza decretó el toque de queda. «¿Crees que faltó mucho –le preguntó a Mahmud el hermano, tras contarle lo sucedido– para el estallido de una sublevación?» Sin embargo, éste, como de costumbre, opinaba que su hermano exageraba en todo.

A principios de septiembre, mientras caminaba por la avenida de Reza Jan, Mahmud observó que en la calle pasaba algo fuera de lo normal. Desde lejos divisó que, frente a la puerta principal de la universidad, había una concentración de camiones militares, cascos, ametralladoras y soldados en uniforme de campaña. Los soldados estaban procediendo a detener a los estudiantes y los conducían a los camiones. Mahmud oyó un rumor de pasos, y vio que la gente joven huía por la calle. Tal era el aspecto que presentaba la inauguración del nuevo curso académico.

Retrocedió y dobló por una calle lateral. En una pared vio pegada una octavilla que leían varios transeúntes. Se trataba de una copia del telegrama que el abogado Mostafá Bakher había enviado al primer ministro Amuzegar.

«Seguramente sabe usted que a lo largo de los últimos veinte años los sucesivos gobiernos, al violar el principio de libertad, han hecho que nuestras universidades hayan dejado de ser lugares de estudio para convertirse en fortalezas militares rodeadas de trincheras y alambradas, y gobernadas por la policía. Esta situación sólo podía provocar la indignación y la desilusión entre la gente joven que piensa. Por lo tanto, no podemos extrañarnos de que en todo este período de tiempo las universidades, tanto de Teherán como las de provincias, o bien permanezcan cerradas o bien funcionen a medias.»

La gente leía la octavilla y se marchaba sin decir palabra.

119

De repente se oyó un aullar de sirenas y Mahmud vio pasar por la calle los camiones militares, llenos de estudiantes. Éstos, maniatados con gruesas sogas y rodeados de soldados, se apiñaban de pie sobre las plataformas. Por lo visto ya había concluido la redada y Mahmud decidió ir a ver a su hermano para contarle la operación que el ejército había llevado a cabo en la universidad. En casa del hermano encontró a un hombre joven; era Fereydun Gandji, un profesor de instituto. Mahmud recordó que lo había visto por primera vez en la velada cultural tras la cual los apaleó la policía, y que su hermano había comentado en una ocasión que, cuando al día siguiente Gandji apareció en el instituto, el director, que ya había recibido una llamada telefónica de la Savak, lo echó del trabajo gritando que era un gamberro y un malhechor al que le daba vergüenza exhibir ante los alumnos. Pasó bastante tiempo parado, deambulando de un lado para otro en busca de empleo.

El hermano decidió que irían al bazar a comer. En las estrechas callejuelas de aire cargado que lo rodeaban, Mahmud pudo ver cómo gente joven, aturdida por el opio, caminaba tambaleándose y tropezando. Algunos, sentados en la acera, miraban al vacío con ojos vidriosos que parecían no ver nada. Otros paraban a los transeúntes, los insultaban y los amenazaban con los puños cerrados. «¿Cómo puede la policía tolerar esto?», preguntó al hermano. «Claro que puede –respondió–. Esta gente tan selecta puede en ocasiones ser muy útil. Mañana les darán un puñado de monedas y unas cuantas porras y se irán a pegar a los estudiantes. Luego, la prensa publicará artículos sobre esa juventud sana y patriótica que, siguiendo la llamada del partido, ajustó las cuentas a unos facinerosos y delincuentes sociales que habían encontrado refugio entre los muros de la universidad.»

Entraron en un restaurante y ocuparon una mesa en medio de la sala. Todavía estaban esperando al camarero cuando Mahmud observó a dos tipos fornidos que se sentaban en la mesa vecina en actitud de ociosa espera. «¡Agentes de la Savak!», pensó. «¿Sabéis qué? –se dirigió al hermano y a Fereydun–: vámonos de aquí y sentémonos junto a la puerta.» En cuanto cambiaron de mesa se les acercó el camarero. Pero mientras el hermano encargaba los platos, los ojos de

Mahmud detectaron en la mesa de al lado a dos hombres jóvenes, presumidos y vestidos de una manera muy coqueta, que permanecían cogidos de la mano. «¡Otros dos de la Savak, que fingen ser maricas!», pensó con temor y asco. «Preferiría que nos sentásemos junto a la ventana –propuso al hermano–, me gustaría contemplar la vida del bazar.» Una vez más se mudaron de sitio. Pero apenas empezaron a comer cuando tres hombres entraron en la sala. Sin decir palabra y como si lo hubiesen tenido planeado de antemano, se sentaron al lado de la misma ventana a través de la cual Mahmud podía contemplar el bazar. «Nos están observando», dijo en un susurro, y, al mismo tiempo, se dio cuenta de que los camareros, a los que les había llamado la atención el que Mahmud y sus compañeros hubiesen cambiado de mesa ya tres veces, les dirigían miradas llenas de desconfianza. Se le ocurrió que, tal vez, los camareros los hubieran tomado precisamente a ellos por savakistas, que se trasladaban de una mesa a otra en busca de una posible víctima. Perdió el apetito; la comida parecía crecerle en la boca. Apartó su plato e hizo una señal indicando que quería marcharse.

Volvieron a casa del hermano y, una vez allí, decidieron coger el coche e irse a la montaña escapando por algún tiempo de la agobiante ciudad y así poder respirar un poco de aire puro. Se dirigieron hacia el norte. Atravesaron Shemiran, el barrio de los nuevos ricos, que aún conservaba el olor a cemento; pasaron por delante de lujosas residencias y bellos palacetes, de restaurantes no menos lujosos, de tiendas de moda, de espaciosos jardines y clubs selectos que disponían de piscinas y pistas de tenis. En aquel lugar, cada metro cuadrado de desierto (pues alrededor se extendía un vastísimo desierto) costaba cientos cuando no miles de dólares y aun así era difícil adquirirlo. Un mundo de ensueño a disposición de la élite de la corte, una tierra diferente, otro planeta. En un determinado momento el automóvil en que viajaban se inmovilizó en un punto de la larga hilera de coches parados. Delante, en algún lugar que se ocultaba a la vista, debía de haber surgido algún obstáculo. Así permanecieron un buen rato, sin señales de poder continuar el viaje.

«¡Una vez más topamos con la guerra de los buldozers!», comprobó el hermano. Dejaron el coche aparcado en la acera y siguieron a pie. Después de un cuarto de hora de marcha lenta vieron al fondo de la calle que enormes columnas de polvo se levantaban hacia el cielo. A lo largo de la calle se alineaba una fila de furgones policiales de enrejadas ventanillas. Más adelante se divisaba una multitud oscura y ondulante. Mahmud oyó gritos y gemidos. A su lado pasó un camión, y pudo distinguir dentro de él los cadáveres de dos personas cubiertos con harapos. Hasta sus oídos llegó el chasquido seco de unos disparos. Acercándose más, vio por encima de las cabezas de la multitud cómo cinco macizos buldozers amarillos arrasaban el barrio de las chabolas. Después vio a mujeres que se lanzaban bajo los buldozers profiriendo gritos de desesperación, a los conductores que, impotentes, paraban una y otra vez sus máquinas, y a policías que a golpe de porra apartaban a la gente que con su propio cuerpo defendía sus míseras viviendas.

(«"Esto es, precisamente, la guerra de los buldozers –me dijo entonces mi hermano–; ya hace varios meses que dura. Están echando a los pobres, porque la élite quiere construirse su barrio precisamente aquí. Esta zona goza del mejor aire de toda la ciudad y además la protegen cuarteles. Las parcelas en las que aún siguen en pie las chabolas ya han sido distribuidas. Lo único que queda por hacer es expulsar a los habitantes y arrasar sus casas. De este modo Shemiran romperá el cinturón de miseria que lo rodea y el superbarrio podrá seguir expansionándose para satisfacer a gentes próximas al trono. Pero, a pesar de todo –añadió–, la tarea no les está resultando demasiado fácil. Los fedayines han organizado un verdadero movimiento de resistencia entre los habitantes de estas chabolas. Ya verás que precisamente de aquí partirá el primer asalto a palacio."»)

Pero Mahmud consideró excesivamente entusiasta a su hermano y no creyó en sus profecías. Volvieron al coche e intentaron finalmente llegar a la montaña por callejones laterales. Finalmente consiguieron su propósito y se adentraron por un terreno rocoso. Se sentaron a la sombra de un peñasco y en ese momento Gandji sacó de su bolsa un pequeño magnetofón, colocó en él una casete y apretó un botón de plástico. Mahmud oyó una voz de bajo de un timbre incoloro:

«¡En nombre de Alá misericordioso!

»¡Gentes!

»¡Despertad!

»Desde hace diez años el sha habla de desarrollo. Sin embargo, el pueblo entero está falto de las cosas más elementales. Hoy el sha promete cosas para los próximos veinticinco años. Pero el pueblo sabe que las promesas del sha no son más que palabras vacías. La agricultura ha sido destruida, ha empeorado la situación de los obreros y de los campesinos, la independencia de nuestra economía es una ficción. ¡Y ese hombre se atreve a hablar de revolución! ¿Qué revolución es aquella que paraliza las fuerzas vitales de un pueblo y lo somete, junto con su cultura, a una dictadura extranjera? Hago un llamamiento a los estudiantes, a los obreros, a los campesinos, a los comerciantes y a los artesanos para que se alcen en lucha, para que creen un movimiento de resistencia. Y quiero aseguraros que este régimen está a punto de caer.

»¡ Gentes!

«¡Despertad!

»¡En nombre de Alá misericordioso!»

Se hizo un silencio en el altavoz. «¿Quién es el que habla?», preguntó Mahmud. «Jomeini», le contestó Gandji.

Gandji evocó ante Mahmud un mundo que hacía tiempo se había desvanecido de su memoria. Las mezquitas, los mulás, el Corán, el islam, La Meca. Al igual que sus amigos y conocidos, Mahmud no había pisado una mezquita en muchos años. Se consideraba racionalista y escéptico, rechazaba toda beatería, no rezaba y no era creyente.

(«Durante aquel encuentro Gandji nos dijo que era contrabandista de cintas magnetofónicas. Pertenecía a un grupo de gente que se dedicaba al contrabando de casetes que contenían llamamientos de Jomeini. En aquella época el imán vivía exiliado en una pequeña ciudad de Irak, Nadjaf, y se dedicaba a dar conferencias en una madrasa. Era allí donde se grababan aquellas casetes. Antes él ignoraba todo lo relativo a esto a pesar de que tales prácticas habían durado años; tan bien montada estaba la conspiración. En sus discursos, Jomeini atacaba una a una todas las intervenciones y todas las actuaciones del sha. Se trataba de comentarios breves, parcos en palabras, pronunciados en un lenguaje sencillo pero firme, comprensibles para todos y fáciles de retener en la memoria. Cada uno de los llamamientos empezaba y terminaba con una evocación de Alá y con la fórmula: "¡Gentes, despertad!" A menudo estas casetes traspasaban la frontera por los caminos más indirectos: vía París o vía Roma. Gandji nos dijo en aquella ocasión que para burlar a la Savak muchos de estos llamamientos se colocaban al final de las cintas que llevaban grabaciones de conjuntos de música pop. Las cintas se entregaban a miembros del grupo, y Gandji era precisamente uno de ellos. Éstos se encargaban de llevarlas a las mezquitas donde se las pasaban a los mulás. De esta manera los mulás recibían instrucciones sobre lo que debían predicar en sus sermones y de cómo debían actuar. Todo un tratado se podría escribir analizando el papel que desempeñó la cinta magnetofónica en la revolución iraní. Por entonces todo aquello constituía para mí una gran revelación; aún no me daba perfecta cuenta de la importancia de la conspiración chií y creo que el sha tampoco hubiera sido capaz de imaginársela, incluso en el caso de haber recibido alguna información al respecto. Aquel día comprendí que alrededor mío se extendía un mundo diferente, clandestino, que desconocía y del que no sabía casi nada.»)

Regresaron a la ciudad.

En las semanas siguientes aparecieron más manifiestos y nuevas cartas de protesta. Se organizaron muchas conferencias y discusiones secretas. En noviembre se fundaron un comité de defensa de los derechos humanos y un sindicato clandestino de estudiantes. Algunas veces Mahmud visitaba las mezquitas del barrio, pero, a pesar de verlas rebosantes de gente, el clima de fervorosa religiosidad le seguía resultando ajeno; no conseguía entablar contacto emocional con aquel mundo. Se decía a sí mismo que, por otra parte, ¿a quién podían dirigirse aquellos hombres?, ¿a qué otro sitio podían ir? La mayoría de ellos ni siquiera sabía leer ni escribir. Hacía un año o, quizás, tan sólo un mes que habían llegado a la gran urbe desde sus aldeas perdidas en el desierto o en las montañas y en las que nada había cambiado en mil años. Se encontraban en un mundo incomprensible y hostil que los engañaba y los explotaba, que sentía desprecio por ellos. Buscaban un refugio, buscaban alivio y protección. Sólo sabían una cosa: que en aquella realidad, tan nueva y tan adversa, únicamente Alá era el mismo, el mismo que en su aldea, como en todas partes, como siempre.

Empezó a leer intensamente; se puso a traducir al persa a London y a Kipling. Recordando los años pasados en Londres pensaba en lo mucho que Europa difería de Asia y repetía las palabras de Kipling: «Oriente es Oriente y Occidente es Occidente y estos dos mundos no se encuentran jamás.» Ni se van a encontrar ni se comprenderán tampoco. Asia rechazará cualquier injerto europeo como un cuerpo extraño. Los europeos podrán indignarse pero su indignación no cambiará mucho las cosas. En Europa las épocas varían; la nueva borra a la anterior; cada equis tiempo la tierra se purifica de su pasado; al hombre de nuestro siglo le es difícil comprender a sus antepasados. Aquí es diferente: aquí el pasado está tan vivo como el presente, la edad de piedra, imprevisible y cruel, coexiste con la fría y calculadora edad de la electrónica y ambas conviven dentro del mismo hombre, que, a su vez, es descendiente de Gengis Kan en igual medida en que es alumno de Edison, con tal que, claro está, haya tenido alguna vez contacto con el mundo de Edison.

Una noche, a comienzos de enero, Mahmud oyó que alguien aporreaba su puerta. Se levantó de la cama de un salto.

(«Era mi hermano. Vi que estaba muy excitado. Antes de entrar dijo una sola palabra: "¡Masacre!" No quería sentarse; daba vueltas por la habitación; hablaba con un gran desorden. Dijo que aquel día la policía había disparado a la gente en las calles de Qom. Nombró la cifra de quinientos muertos. Entre ellos, muchas mujeres y niños. Todo se había desencadenado por un asunto aparentemente insignificante. En el diario *Etelat* había aparecido un artículo atacando a Jomeini. Lo había escrito alguien de palacio o algún miembro del gobierno. El autor llamaba extranjero a Jomeini, epíteto que para nosotros tiene un matiz despectivo. Cuando el periódico llegó a Qom, que es la ciudad del ayatolá, la gente salió a la calle para discutir el asunto. Después todos se dirigieron a la plaza principal, que enseguida fue rodeada por la policía. También apareció policía en los tejados.

Durante algún tiempo no ocurrió nada; tal vez estuvieran consultando con Teherán. Luego un oficial conminó a la gente a que se dispersara pero no se movió nadie. Se hizo un gran silencio, que, poco después, era roto por los disparos con que desde los tejados y las calles adyacentes se acribillaba a la multitud congregada en la plaza: los uniformados habían abierto el fuego. Cundió el pánico; la gente quería huir pero no tenía adónde; las calles estaban bloqueadas por la policía, que seguía disparando. "La plaza entera está cubierta de cadáveres –añadió mi hermano–. Han llegado refuerzos de Teherán y ahora se practican detenciones en toda la ciudad. Han muerto personas completamente inocentes, cuyo único delito –dijo– era el haber estado en la plaza." Recuerdo que al día siguiente todo Teherán estaba revuelto; se sentía que se aproximaban días negros y terribles.»)

La llama muerta

Querido Señor:
¿Por qué no dejas el sol para la noche, cuando más lo necesitamos?

BARBARA,
Cartas de los niños a Dios, Ed. Pax, 1978

La revolución puso fin a la soberanía del sha. Destruyó su palacio y enterró la monarquía. Este acontecimiento tuvo su principio en un aparentemente pequeño error que había cometido el poder imperial. El poder dio un paso en falso y se condenó a la destrucción.

Por lo general, las causas de una revolución se buscan entre las condiciones objetivas: en la miseria generalizada, en la opresión, en abusos escandalosos. Pero este enfoque de la cuestión, aunque acertado, es parcial, pues condiciones parecidas se dan en decenas de países y, sin embargo, las revoluciones estallan en contadas ocasiones. Es necesaria la toma de conciencia de la miseria y de la opresión, el convencimiento de que ni la una ni la otra forman parte del orden natural del mundo. No deja de ser curioso que sólo el experimentarlas, por más doloroso que ello resulte, no es, en absoluto, suficiente. Es imprescindible la palabra catalizadora, el pensamiento esclarecedor. Por eso los tiranos, más que al petardo o al puñal, temen a aquello que escapa a su control: las palabras. Palabras que circulan libremente, palabras clandestinas, rebeldes, palabras que no van vestidas de uniforme de gala, desprovistas del sello oficial. Pero ocurre también que precisamente las palabras oficiales, con su uniforme y su sello, provocan una revolución.

Hay que distinguir la revolución de la revuelta, del golpe de Estado o de palacio. Un atentado o una sublevación militar se pueden planificar; una revolución, jamás. Su estallido, el momento en que se produce, sorprende a todos, incluso a aquellos que la han hecho posible. Se quedan atónitos ante el cataclismo que surge de repente y arrasa todo lo que encuentra en su camino. Y lo arrasa tan irremisiblemente que al final puede destruir hasta los lemas que lo desencadenaron.

Es errónea la creencia de que los pueblos maltratados por la historia (que son la mayoría) viven con el pensamiento puesto en la revolución, que ven en ella la solución más sencilla. Toda revolución es un drama, y el hombre evita instintivamente las situaciones dramáticas. Cuando se encuentra en situación semejante, busca febrilmente salir de ella; aspira a la tranquilidad, a la rutina de cada día. Por eso las revoluciones nunca duran mucho tiempo. Son el último cartucho, y cuando un pueblo decide echar mano de él es porque una larga experiencia le ha enseñado que no le queda ninguna otra salida. Todos los demás intentos han fracasado; han fallado los demás recursos.

Toda revolución viene precedida por un estado de agotamiento general y se desarrolla en un marco de agresividad exasperada. El poder no soporta al pueblo que lo irrita y el pueblo no aguanta al poder al que detesta. El poder ha perdido ya toda la confianza y tiene las manos vacías; el pueblo ha perdido los restos de su paciencia y aprieta los puños. Reina un clima de tensión y agobio, cada vez más insoportable. Empezamos a dejarnos dominar por una psicosis del terror. La descarga se acerca. Lo notamos.

Atendiendo a la técnicas de lucha, la historia conoce dos tipos de revolución. El primero es la revolución por asalto y el segundo, la revolución por asedio. En el caso de la revolución por asalto, lo que determina su ulterior destino y su éxito es la profundidad del primer golpe. ¡Atacar y ocupar la mayor cantidad de terreno posible! He ahí lo importante, pues una revolución de este tipo, con ser la más violenta, es, también, la más superficial. El adversario ha sido derrotado, pero, al ceder, ha conservado parte de sus fuerzas. Contraatacará y forzará a retroceder a los vencedores. Por eso, cuanto más lejos lleve el ataque inicial más terreno retendrá la revolución a pesar de los retrocesos ulteriores. En una revolución por asalto la primera etapa es la más radical. Las siguientes son un retroceso, lento pero constante, hasta un punto en que ambas fuerzas, la rebelde y la conservadora, llegan a un compromiso definitivo. Es distinto el caso de la revolución por asedio: en ésta el primer golpe es, por lo general, débil; resulta difícil advertir que anuncia un cataclismo. Pero los acontecimientos, que no tardan en sucederse, cobran vida y dramatismo. Participa en ellos un número de gente cada vez mayor. Los muros tras los cuales se refugia el poder se agrietan y rompen. El éxito de la revolución por asedio depende de la determinación de los sublevados, de su fuerza de voluntad y de su aguante. ¡Un día más! ¡Un esfuerzo más! Al final las puertas acaban cediendo. La muchedumbre irrumpe en el interior y celebra su triunfo.

El poder es quien provoca la revolución. Desde luego no lo hace conscientemente. Y, sin embargo, su estilo de vida y su manera de gobernar acaban convirtiéndose en una provocación. Esto sucede cuando entre la élite se consolida la sensación de impunidad. Todo nos está permitido, lo podemos todo. Esto es ilusorio, pero no carece de un fundamento racional. Porque, efectivamente, durante algún tiempo parece que lo pueda todo. Un escándalo tras otro, una injusticia tras otra quedan impunes. El pueblo permanece en silencio; se muestra paciente y cauteloso. Tiene miedo, todavía no siente su fuerza. Pero, al mismo tiempo, contabiliza minuciosamente los abusos cometidos contra él, y en un momento determinado hace la suma. La elección de este momento es el mayor misterio de la historia. ¿Por qué se ha producido en este día y no en otro? ¿Por qué lo adelantó este y no otro acontecimiento? Si ayer, tan sólo, el poder se permitía los peores excesos y, sin embargo, nadie ha reaccionado. ¿Qué he hecho, pregunta el soberano sorprendido, para que de repente se hayan puesto así? Y he aquí lo que ha hecho: ha abusado de la paciencia del pueblo. Pero ¿por dónde pasa el límite de esta paciencia, cómo determinarlo? En cada caso la respuesta será diferente, si es que existe algo que se pueda definir a este respecto. Lo único seguro es que sólo los poderosos que conocen la existencia de este límite y saben respetarlo pueden contar con mantenerse en el poder durante mucho tiempo. Pero éstos son escasos.

¿De qué manera el sha había traspasado este límite, pronunciando así la sentencia contra sí mismo? Todo se desencadenó a partir de un artículo en un periódico. Una palabra no sopesada puede hacer volar al más grande de los imperios; el poder debería saberlo. Parece que lo sepa, parece que esté alerta, pero en algún momento le falla el instinto de conservación. Confiado y seguro de sí mismo, comete el error de la arrogancia y se derrumba. El 8 de enero de 1978 apareció en el diario gubernamental *Etelat* un artículo que atacaba a Jomeini. En aquel tiempo Jomeini vivía en el exilio; luchaba desde allí contra el sha. Perseguido por el déspota y expulsado posteriormente del país, era el ídolo y la conciencia del pueblo. Destruir el mito de Jomeini significaba destruir la santidad, arruinar la esperanza de los oprimidos y humillados. Y ésta, precisamente, había sido la intención del artículo.

¿Qué hay que escribir para acabar con el adversario? Lo mejor es demostrar que no se trata de uno de los nuestros, que es un extraño. Con tal fin se crea la categoría de auténtica familia. Nosotros, tú y yo, el poder y el pueblo, formamos una familia. Vivimos unidos, todo nos va bien, estamos en casa. Compartimos techo y mesa, podemos comprendernos, siempre nos echamos una mano. Desgraciadamente no estamos solos. Alrededor nuestro se amontonan los extraños que quieren destruir nuestra paz y ocupar nuestra casa. ¿Quién es un extraño? Un extraño es, sobre todo, alguien peor y, a la vez, alguien peligroso. ¡Si sólo fuese peor y se mantuviera al margen! ¡Pero no! Molestará, enturbiará y destruirá. Provocará, aturdirá y devastará. El extraño te acosa y es causa de tus desgracias. Y ¿dónde radica la fuerza del extraño? Radica en que lo respaldan fuerzas extrañas. Se las defina o no, una cosa es segura: son prepotentes. Lo son, claro está, si las minusvaloramos. En cambio, si nos mantenemos alerta y las combatimos, somos más fuertes que ellas. Y ahora mirad a Jomeini. Es un extraño. Su abuelo era de la India, así que puede plantearse la pregunta: ¿qué intereses representa ese nieto de extranjero? Ésta fue la primera parte del artículo. La segunda estaba dedicada a la salud. ¡Qué bien que todos estemos sanos! Y lo estamos porque nuestra auténtica familia es también una familia sana. Sana de cuerpo y de alma. ¿Gracias a quién? Gracias a nuestro poder, que nos asegura una vida buena y feliz, y por eso es el mejor poder bajo el sol. Por consiguiente, ¿quién puede oponerse a un poder así? Sólo aquel que no está en su sano juicio. Si éste es el mejor poder, hay que estar loco para combatirlo. Una sociedad sana debe apartar a semejantes orates, debe enviarlos a lugares de aislamiento. Qué bien hizo el sha expulsando del país a Jomeini. De lo contrario se le hubiera tenido que mandar a un manicomio.

Cuando el periódico que publicaba este artículo llegó a Qom, una gran indignación se apoderó de la gente, que empezó a congregarse en calles y plazas. Quien sabía leer lo leía en voz alta a los demás. La gente, soliviantada, formaba grupos cada vez más numerosos, en los que se gritaba y se discutía; el vicio de los iraníes es llevar a cabo interminables discusiones en cualquier lugar y a cualquier hora del día o de la noche. Los grupos más excitados por la discusión empezaron a actuar como imanes, atrayendo a un auditorio cada vez mayor de nuevos curiosos. Al final una gran multitud llenó la enorme plaza. Y esto es, precisamente, lo que menos gusta a la policía. ¿Quién autorizó esta inmensa asamblea? Nadie. No existía tal autorización. ¿Quién autorizó que se profiriesen gritos? ¿Quién permitió agitar los brazos? La policía sabía de antemano que estas preguntas eran retóricas y que, simplemente, debía ponerse manos a la obra.

135

Ahora el momento más importante y que va a decidir el destino del país, del sha y de la revolución será el momento en que un policía reciba la orden de abandonar su formación, acercarse a un hombre de entre la multitud y ordenarle a voz en cuello que se vaya a su casa. Tanto el policía como el hombre de la multitud son personas sencillas y anónimas, y, sin embargo, su encuentro tendrá un significado histórico. Ambos son personas adultas que han vivido ya algo y han acumulado experiencia. La experiencia del policía: si le pego un grito a alguien y levanto la porra, éste se aterrorizará y echará a correr. La experiencia del hombre de la multitud: al ver acercarse a un policía me entra el pánico y echo a correr. Basándonos en estas experiencias, completamos el guión: el policía grita, el hombre huye, tras él huyen los demás, la plaza queda vacía. Esta vez, sin embargo, todo se desarrolla de una manera diferente. El policía grita, pero el hombre no huye. Se queda donde está y mira al policía. Su mirada es vigilante, todavía contiene algo de miedo, pero, al mismo tiempo, es dura y descarada. ¡Sí! El hombre de la multitud mira descaradamente al poder uniformado. Se queda plantado donde está. Después mira a su alrededor y ve las miradas de los demás. Son parecidas: vigilantes, todavía con una sombra de miedo, pero ya firmes e inexorables. Nadie huye a pesar de que el policía sigue gritando. Al final llega un momento en que se calla; se produce un breve silencio. No sabemos si el policía y el hombre de la multitud se han dado cuenta de lo que acaba de ocurrir. De que el hombre de la multitud ha dejado de tener miedo y de que esto es el principio de una revolución. La revolución empieza en ese punto. Hasta ahora, cada vez que se acercaban estos dos hombres, inmediatamente un tercer personaje cobraba forma y se interponía entre ellos: el miedo. El miedo aparecía como aliado del policía y enemigo del hombre de la multitud. Imponía su ley, lo resolvía todo. Y ahora estos dos hombres se encuentran cara a cara y el miedo ha desaparecido, se lo ha tragado la tierra. Hasta este momento la relación entre ambos estaba cargada de emociones, donde cabían la agresividad, el desprecio, la furia y el temor. Pero ahora, cuando ha desaparecido el miedo, esta unión, perversa y odiosa, de repente se ha roto; algo se ha acabado, algo se ha apagado. Los dos hombres se han neutralizado; resultan recíprocamente inútiles, cada uno puede ir a lo suyo. Así que el policía da media vuelta y empieza a dirigir sus pesados pasos hacia la comisaría, mientras que el hombre de la multitud se queda en la plaza, acompañando por algún tiempo con la mirada al enemigo que se aleja.

El miedo: un depredador cruel y voraz que vive dentro de nosotros. Nunca permite que lo olvidemos. Continuamente nos paraliza y nos tortura. No cesa de exigir alimento, siempre debemos saciar su hambre. Nosotros mismos nos cuidamos de que coma sólo de lo mejor. Sus platos favoritos se componen de chismes siniestros, de malas noticias, de pensamientos aterradores y de imágenes de pesadilla. De entre un millón de chismes, noticias y pensamientos siempre elegimos los peores, es decir, aquellos que más le gustan. Los más adecuados para saciarlo, para satisfacer al monstruo. Vemos aquí a un hombre que, con la cara pálida y gestos de inquietud, escucha lo que le cuenta otro. ¿Qué pasa? Qué está alimentando su miedo. ¿Y si no tenemos alimento alguno? Febrilmente lo inventamos. ¿Y si no podemos inventarlo (cosa que ocurre en contadas ocasiones)? Corremos a buscarlo entre otros; preguntamos a la gente, escuchamos y coleccionamos noticias hasta que, por fin, conseguimos saciar nuestro miedo.

Todos los libros dedicados a las revoluciones empiezan por un capítulo que trata de la podredumbre de un poder a punto de caer o de la miseria y los sufrimientos de un pueblo. Y, sin embargo, deberían comenzar por uno que se ciñera al aspecto psicológico de cómo un hombre angustiado y asustado de pronto vence su miedo y deja de temer. Debería describirse todo este extraño proceso, que, algunas veces, se desarrolla en tan sólo un momento, que es como una sacudida, como una purificación. El hombre se deshace del miedo, se siente libre. Sin eso no habría revolución alguna.

El policía regresa a la comisaría y da parte a su comandante de lo ocurrido. El comandante envía a los tiradores con la orden de ocupar posiciones en los tejados de las casas que rodean la plaza. Él en persona va en su coche hasta el centro y por los altavoces insta a la multitud a dispersarse. Pero nadie quiere escucharle. Entonces se retira a un lugar seguro y da la orden de abrir fuego. Una lluvia torrencial de balas de ametralladora cae sobre las cabezas de la gente. Cunde el pánico, se crea un tremendo caos, el que puede huye. Al cabo de un tiempo cesa el tiroteo. En la plaza sólo quedan los muertos.

No se sabe si le enseñaron al sha las fotografías de esta plaza obtenidas por la policía justo después de la masacre. Tal vez se las enseñaran. Tal vez no. El sha trabajaba mucho; puede que no tuviera tiempo. Su jornada empezaba a las siete de la mañana y terminaba a medianoche. En realidad sólo descansaba en invierno, cuando iba a esquiar a St. Moritz. Pero incluso allí se permitía apenas dos o tres descensos, pues enseguida volvía a su residencia para trabajar. Recordando aquellos tiempos, madame L. dice que la emperatriz se comportaba en St. Moritz muy democráticamente. Como prueba de ello me muestra una fotografía en la que se ve a la esposa del sha haciendo cola para subir a un telesilla. Así, sin más: una mujer esbelta de aspecto agradable espera su turno apoyada en unos esquíes. Y, sin embargo, dice madame L., tenían tanto dinero que podía exigir que se construyese un telesilla ¡sólo para ella!

Aquí a los muertos los envuelven en sábanas blancas y los depositan en unas andas. Los que las llevan van a paso ligero, a veces casi corriendo; todo da la impresión de una gran prisa. El cortejo fúnebre se apresura, se oyen gritos y lamentos, una gran inquietud y excitación se apodera de los enlutados. Como si el muerto les molestara con su presencia, como si quisieran devolverlo a la tierra lo más pronto posible. Luego se coloca comida sobre la tumba y empieza el banquete. Todo aquel que pase por allí será invitado a tomar parte en él. Si no tiene apetito, deberá aceptar aunque sólo sea una fruta, una manzana o una naranja, pero algo deberá comer.

Al día siguiente empieza el período en que la gente rememora la vida del muerto, su buen corazón y su honrado carácter. Esto dura cuarenta días. Al cumplirse el cuadragésimo día, se reúnen en casa del difunto los que fueron sus familiares, amigos y conocidos. Alrededor de la casa se congregan los vecinos. Está allí toda la calle, todo el pueblo; se forma toda una multitud. Es una multitud que recuerda, que se lamenta. El dolor y la pena aumentan en un crescendo desgarrador hasta alcanzar su apogeo, fúnebre y desesperado. Si la muerte ha sido natural, acorde con el destino del hombre, tras varias horas de exaltación y éxtasis, un clima de abotargada y humilde resignación vendrá a apoderarse de esta asamblea, que puede durar todo un día y toda una noche. Pero si la muerte ha sido violenta, una muerte a manos de alguien, la multitud se ve invadida por el ansia del desquite, por la necesidad de venganza. En esta atmósfera, cargada de ira incontenible y de profundo odio, se oye el nombre del causante de la desgracia, el nombre del asesino. Éste puede encontrarse lejos, pero se cree que en aquel momento debe temblar de miedo: sí, sus días ya están contados.

Un pueblo fustigado por un déspota, degradado y obligado a desempeñar el papel de objeto, se procura un refugio, busca un lugar donde encerrarse, donde aislarse, donde ser él mismo. Esto le resulta imprescindible para conservar su personalidad, su identidad o incluso, sencillamente, para poder comportarse con naturalidad. Pero como un pueblo entero no puede emigrar, realiza su andadura no en el espacio sino en el tiempo: vuelve a su pasado, que, comparado con la realidad en que vive, angustiosa y llena de amenazas, parece el paraíso perdido. Y encuentra refugio en sus antiguas costumbres, tan antiguas y, por lo mismo, tan sagradas que el poder tiene miedo de enfrentarse a ellas. Por eso bajo la tapadera de cualquier dictadura –a su pesar y en su contra– resurgen poco a poco las tradiciones, las creencias y los símbolos antiguos, que paulatinamente cobran un nuevo sentido: de desafío. Al principio es un proceso tímido y, a menudo, secreto, pero su fuerza y su alcance aumentan a medida que la dictadura se vuelve cada vez más odiosa e insoportable. Se dan críticas que afirman que actuar de esta manera equivale a volver a la Edad Media. Algo de eso hay. Pero, por lo general, suele tratarse sólo de la forma en que un pueblo manifiesta su oposición. Como el poder se autoproclama símbolo del progreso y de la modernidad, le demostraremos que nuestros valores son otros muy distintos. Prima antes el espíritu de contradicción política que el deseo de volver al olvidado mundo de los antepasados. Basta que mejore la vida para que las viejas tradiciones pierdan su contenido emocional y vuelvan a ser lo que siempre habían sido: un rito.

El rito de rememorar entre todos al difunto cuarenta días después de su muerte cobra de repente otro cariz. Guiada por un espíritu de creciente oposición, aquella costumbre se convierte en un acto político. Una ceremonia familiar ha empezado a transformarse en manifestación de protesta. Al cuadragésimo día de los acontecimientos de Qom, en muchas ciudades del Irán la gente se reúne en las mezquitas para recordar a las víctimas de la masacre. En Tabriz la tensión alcanza tales dimensiones que desemboca en una sublevación. La multitud se lanza a la calle exigiendo la muerte del sha. Interviene el ejército y ahoga la ciudad en sangre. El balance de la acción es de varios centenares de muertos y miles de heridos. Al cabo de cuarenta días las ciudades se visten de luto: ha llegado la hora de rememorar la masacre de Tabriz. En Isfahán la multitud enfurecida y desesperada de dolor sale a la calle. El ejército rodea a los manifestantes y abre fuego. Otra vez hay muertos. Pasan otros cuarenta días: ahora multitudes enlutadas se congregan en decenas de ciudades para rememorar a los que murieron en Isfahán. Más manifestaciones y más masacres. Después, al cabo de otros cuarenta días, ocurre lo mismo en Meshed. Luego, en Teherán. Y una vez más en Teherán. Y, al final, en casi todas las ciudades.

De este modo la revolución iraní se desarrolla al ritmo de los estallidos que se suceden cada cuarenta días. Cada cuarenta días se produce una explosión de desesperanza, de cólera y de sangre. Cada una de ellas resulta más terrible que la anterior; las multitudes son cada vez más grandes y el número de víctimas aumenta. El mecanismo del terror ha empezado a generar un efecto contraproducente. Se ejerce el terror para atemorizar. En este caso, sin embargo, el terror del poder ha servido para que el pueblo se haya lanzado a la lucha, lo ha incitado a emprender nuevos asaltos.

La reacción del sha fue la típica de todo déspota: primero golpear y aplastar y después pensar. Empezar por exhibir el músculo, mostrar la fuerza, más tarde, en todo caso, probar que también se tiene cerebro. A un poder déspota le importa mucho más el que se le considere fuerte que el que se lo admire por su sabiduría. Por otra parte, ¿qué significa la sabiduría para un déspota? Significa la habilidad en el uso de la fuerza. Sabio es aquel que sabe cómo y cuándo golpear. Esa continua demostración de fuerza es una necesidad, porque toda dictadura se apoya en los instintos más bajos, que ella misma ha liberado en sus súbditos: el miedo, la agresividad hacia el prójimo, el servilismo. El terror es lo que despierta estos instintos con más eficacia, y el miedo a la fuerza es la fuente del terror.

El déspota está convencido de que el hombre es un ser abyecto. Gente abyecta llena su corte, lo rodea por todas partes. La sociedad aterrorizada se comporta durante mucho tiempo como chusma sumisa e incapaz de pensar. Basta alimentarla para que obedezca. Hay que proporcionarle distracción y será feliz. El arsenal de trucos políticos es muy pobre; no ha cambiado en miles de años. Por eso en la política hay tantos aficionados, tantos convencidos de saber gobernar; basta con que se les entregue el poder. Pero ocurren también cosas sorprendentes. He aquí que una multitud bien alimentada y entretenida deja de obedecer. Empieza a reclamar algo más que diversión. Quiere libertad, exige justicia. El déspota queda atónito. La realidad lo obliga a ver al hombre en toda su dimensión, en todo su esplendor. Pero este hombre constituye una amenaza para la dictadura, es su enemigo. Por eso la dictadura reúne fuerzas con el fin de destruirlo.

La dictadura, aunque desprecia al pueblo, hace lo posible para ganarse su reconocimiento. A pesar de carecer de fundamento legal alguno o, tal vez, precisamente por el hecho de carecer de él, cuida mucho las apariencias de la legalidad. Es su punto débil, en el que se muestra inusitadamente sensible, de una susceptibilidad enfermiza. Además le incomoda (aunque lo oculte cuidadosamente) la sensación de inseguridad. Por eso no escatima esfuerzos para probarse a sí misma y convencer a los demás de que cuenta con el apoyo y la aprobación incondicional del pueblo. Incluso si este apoyo no es sino mera apariencia, se sentirá satisfecha. ¿Qué importa que sólo sean apariencias? El mundo de la dictadura está lleno de ellas.

También el sha sentía necesidad de aprobación. Por eso, en cuanto fueron enterradas las últimas víctimas de la masacre, se organizó en Tabriz una manifestación de apoyo al sha. En una parte de las vastas extensiones de pastos que rodean la ciudad, se reunió a los militantes más activos del partido del sha, el Rastajiz. Todos ellos llevaban el retrato de su líder en que aparecía pintado el sol encima de la imperial cabeza del monarca. El gobierno en pleno acudió a la tribuna. El primer ministro, Jamshid Amuzegar, pronunció un discurso ante los congregados. En él, el orador se preguntó cómo unos pocos anarquistas y nihilistas habían sido capaces de romper la unidad del pueblo y acabar con la tranquilidad de su vida. Subrayó con especial énfasis el reducido número de esos maleantes. «Son tan pocos que resulta difícil hablar de un grupo. Se trata de un puñado de individuos. Por suerte –dijo–, de todo el país llegan palabras de condena a los que quieren destruir nuestras casas y arruinar nuestro bienestar.» Acto seguido se aprobó una resolución de apoyo al sha. Una vez terminada la manifestación, los participantes volvieron a casa a hurtadillas. La mayor parte de ellos fue llevada en autobuses a las ciudades vecinas, de donde se les había traído a Tabriz para la ocasión.

142

Tras esta manifestación el sha se sintió mejor. Parecía que volvía a levantar cabeza. Hasta entonces había jugado con cartas manchadas de sangre. Ahora decidió jugar con cartas limpias. Para ganarse las simpatías del pueblo cesó a varios oficiales que habían estado al mando de las unidades que dispararon contra los habitantes de Tabriz. Un murmullo de descontento se dejó oír entre los generales. Para tranquilizar a los generales dio la orden de disparar contra los habitantes de Isfahán. El pueblo respondió con un estallido de ira y de odio. Como quería tranquilizar al pueblo, destituyó al jefe de la Savak. La Savak se quedó consternada. Para apaciguarla le dio el permiso de detener a quien quisiera. Y así, dando vueltas y revueltas, zigzagueando y caminando a tientas, paso a paso se iba acercando al abismo.

Se le reprocha al sha la falta de decisión. Un político, dicen, debe ser hombre decidido. Pero ¿decidido a qué? El sha sí estaba decidido a mantenerse en el trono, y usó todos los medios para conseguirlo. Lo intentó todo: disparaba y democratizaba, encarcelaba e indultaba, destituía a unos y ascendía a otros, unas veces amenazaba y otras elogiaba. Todo en vano. La gente, sencillamente, ya no quería al sha; no quería un poder así.

Al sha lo perdió su vanidad. Se consideraba padre del pueblo y el pueblo se le enfrentó. Esto le dolió mucho, se sintió herido en lo más profundo de su ser. A cualquier precio (desgraciadamente también al precio de la sangre) quería restaurar la antigua imagen, anhelada durante años, de un pueblo feliz, postrado ante su bienhechor en actitud de agradecimiento. Pero olvidó que en los tiempos en que vivimos los pueblos exigen derechos, no gracia.

Puede que también lo perdiera el tomarse a sí mismo demasiado en serio. Creía, sin duda, que el pueblo lo adoraba, que lo consideraba su máximo exponente, su bien supremo. De repente vio a un pueblo sublevado, lo cual, aparte de sorprenderlo, le pareció inexplicable. Sus nervios no lo aguantaron; pensó que debía reaccionar inmediatamente. De ahí que sus decisiones fueran tan violentas, tan histéricas, tan alocadas. Le faltó cierta dosis de cinismo. De haberlo tenido, hubiese podido decir: ¿Se manifiestan? Pues bien, ¡que lo hagan! ¿Cuánto tiempo podrán seguir manifestándose? ¿Medio año? Creo que podré aguantar. En cualquier caso no me moveré de palacio. Y la gente, desilusionada y amargada, habría acabado por volver a sus casas, mal que le pesase, pues resulta difícil de imaginar que todo el mundo esté dispuesto a que su vida transcurra entre desfiles y manifestaciones. Él no supo esperar. Y en política hay que saber hacerlo.

También lo perdió el desconocimiento de su propio país. Había pasado su vida encerrado en palacio. Cuando lo abandonaba, lo hacía como el que sale de una habitación bien caldeada y se encuentra con el riguroso frío del invierno. ¡Se asoma por un momento y enseguida vuelve a meterse dentro! Toda la vida de palacio se rige por unas leyes, siempre iguales, que deforman y fragmentan la realidad. Ha sido así desde tiempos inmemoriales, así es y así seguirá siendo. Se pueden construir diez palacios nuevos pero no tardarán en ser regidos por las mismas leyes, las que existían en los palacios erigidos hace cinco mil años. La única salida consiste en tratar a palacio como algo temporal, al igual que tratamos un tranvía o un autobús. Nos subimos en una parada, después viajamos en él durante algún tiempo, pero, finalmente, nos bajamos. Resulta muy importante bajarse a tiempo; en la parada adecuada.

Lo más difícil: imaginarse otra vida viviendo en palacio. Por ejemplo la propia, pero sin palacio, fuera de él. Al hombre siempre le costará trabajo imaginarse tal situación. Al final, sin embargo, encontrará quien quiera ayudarle a conseguirlo. Por desgracia, en el curso de este proceso a veces muere mucha gente. Se trata del problema del honor en política. De Gaulle: hombre de honor. Perdió el referéndum, ordenó su mesa, abandonó palacio y nunca más volvió a él. Quería gobernar, pero sólo con la condición de ser aceptado por la mayoría. Se marchó en el momento en que ésta le retiró su confianza. Pero ¿cuántos hay como él? Otros llorarán, pero no se moverán; maltratarán al pueblo, pero no cederán. Expulsados por una puerta, volverán a entrar por otra; empujados escaleras abajo, no tardarán en arrastrarse escaleras arriba. Darán explicaciones, caerán de rodillas, mentirán y coquetearán, con tal de quedarse o de volver. Enseñarán las manos: aquí las tenéis, no hay sangre en ellas. Pero el hecho en sí de tener que enseñarlas ya los cubre de la mayor ignominia. Enseñarán los bolsillos: mirad lo poco que hay en ellos. Pero el hecho en sí de enseñarlos, cuán humillante resulta. El sha lloraba mientras abandonaba palacio. En el aeropuerto volvió a llorar. Después explicó en algunas entrevistas cuánto dinero tenía y decía que no era ni con mucho el que se pensaba. Cuán penoso resulta todo esto, cuán miserable.

Pasé varios días deambulando por Teherán desde la mañana hasta la noche. En realidad lo hacía sin rumbo fijo, sin sentido alguno. Huía de una habitación vacía que me abrumaba y también de una bruja que no me dejaba en paz: la mujer de la limpieza, que no paraba de exigirme dinero. Cogía mis camisas limpias y planchadas, tal como me las entregaban en la lavandería, las metía en agua, las arrugaba, las tendía y me pedía dinero. ¿Por qué? ¿Por haberme destrozado las camisas? De debajo del chador continuamente salía extendida su mano delgada. Yo sabía que ella no tenía dinero. Pero a mí me pasaba lo mismo que a ella, y ella no podía comprenderlo. El que venía de países lejanos forzosamente tenía que ser rico. La propietaria del hotel abría los brazos en un gesto de impotencia: no podía hacer nada para remediarlo. Eran los resultados de la revolución, señor mío, ahora aquella mujer ¡detentaba el poder! La propietaria me trataba como a su aliado natural, como a un contrarrevolucionario. Me consideraba hombre de ideas liberales, y los liberales, como opción de centro, eran los más combativos. ¡Elige entre Dios y Satanás! La propaganda oficial exigía de todo el mundo una declaración ideológica inequívoca; empezaba una época de «limpieza» y de lo que llamaban «mirarles las manos a todos».

En estas peregrinaciones mías por la ciudad se me fue todo el mes de diciembre. Llegó la noche de fin de año de 1979. Me llamó un amigo para decirme que entre varios organizaban una pequeña fiesta, discreta y a escondidas, y que me reuniera con ellos. Pero yo decliné la invitación explicando que tenía otros planes. «¿Qué planes?», exclamó asombradísimo y no sin razón, pues, en realidad, ¿qué se podía hacer en Teherán en una noche como aquélla? «Mis planes son un tanto extraños», contesté, usando esta expresión por considerarla la más cercana a la verdad. Había decidido pasar parte de la Noche Vieja ante la embajada americana. Quería ver qué aspecto tendría el lugar del que hablaba en aquella época el mundo entero. Y así lo hice. Salí del hotel a las once teniendo por delante una distancia bastante corta, tal vez unos dos kilómetros de caminata, cómoda, eso sí, porque debía andar cuesta abajo. Hacía un frío terrible, soplaba un viento gélido y seco. A buen seguro que las montañas estaban siendo escenario de una tormenta de nieve. Atravesé calles vacías, libres de transeúntes y patrullas. Sólo en la plaza de Valiahd vi, sentado junto a su puesto, a un vendedor de cacahuetes que se envolvía en gruesas mantas, igual que hacen en otoño nuestras vendedoras en los mercados al aire libre. Le pedí una bolsita de cacahuetes y le di un puñado de rials. Demasiados, pero era mi regalo de Navidad. El hombre no lo comprendió. Contó el dinero, se quedó con el importe exacto del precio marcado y, serio y digno, me devolvió el resto. De esta manera fue rechazado este gesto mío que sólo pretendía establecer algún tipo de contacto con el único hombre que había encontrado en la ciudad muerta y aterida. Reanudé, pues, la marcha y, mientras caminaba, me fui fijando en los escaparates de las tiendas, a cual más miserable; torcí en la Tajte-Yamshid, pasé al lado de lo que quedaba de un cine tras haber ardido, de un banco igualmente incendiado, de un hotel vacío y de las oscuras oficinas de las líneas aéreas. Finalmente llegué ante la embajada. De día este lugar recuerda un gran mercado, un aduar nómada en continuo movimiento, un ruidoso parque de atracciones político donde a todos les está permitido decir y gritar lo que les venga en gana. Aquí puede venir cualquiera e insultar a los poderosos de este mundo sin que nada le pase por ello. Ésa es la causa de que nunca falte concurrencia y de que el lugar siempre rebose gentío. Sin embargo, ahora, al acercarse la medianoche, no había ni un alma. Anduve por allí como por un amplio y muerto escenario que ya hubiese abandonado el último actor. Quedaba tan sólo un decorado dejado de cualquier manera y la atmósfera fantasmagórica de un lugar abandonado por los seres humanos. El viento golpeaba carteles hechos jirones, así como un enorme cuadro en que un tropel de demonios se calentaba en el fuego del infierno. Al fondo, Carter, tocado con una chistera adornada de estrellas, sacudía un saco lleno de oro mientras que, a su lado, y en éxtasis, el imán Alí se preparaba para morir como un mártir. Sobre la tarima, que servía a inspirados oradores para llamar a las multitudes a que mostraran su furia y su indignación, había un micrófono y varias filas de altavoces. Su muda presencia acrecentaba nítidamente la impresión de vacío y de mortal quietud. Me acerqué a la puerta principal. Como de costumbre, estaba cerrada con una cadena y un candado, pues nadie se había preocupado de arreglar el cerrojo, destrozado durante el asalto al edificio. Ante la puerta y apoyados en la alta tapia de ladrillo, se acurrucaban, muertos de frío, dos vigilantes, que portaban sendas metralletas al hombro: eran estudiantes de la línea del imán. Al verlos, tuve la impresión de que estaban dormidos. Al fondo, entre los árboles, se distinguía el edificio iluminado de la embajada, dentro del cual permanecían los rehenes. Pero, a pesar de que no aparté los ojos de sus ventanas, nada apareció ante mi vista: ni una silueta, ni tan siquiera una sombra. Consulté mi reloj. Era la medianoche, por lo menos en Teherán. Empezaba un nuevo año. En otras partes del mundo sonaban las doce campanadas y corría el champán, reinaban la alegría y la emoción y se celebraban grandes bailes en miles de salas inundadas de luz y de color. Pero todo eso parecía ocurrir en un planeta del que no llegaban ni los sonidos más leves ni rayo de luz alguno. De repente me pregunté qué hacía allí, de pie y pasando frío, por qué había abandonado aquel planeta y por qué había ido hasta aquel

147

lugar, el más vacío y más deprimente del mundo. No lo sabía. Simplemente, aquella noche pensé que debía estar allí. No conocía a nadie de los que en aquel sitio estaban: ni a aquellos cincuenta americanos ni a aquellos dos iraníes; y ni siquiera podía entablar contacto con ninguno. Tal vez pensaba que algo iba a ocurrir. Pero nada ocurrió.

Se acercaba el aniversario de la partida del sha, y, por lo tanto, de la caída de la monarquía. Con este motivo se podían ver en televisión decenas de películas dedicadas a la revolución. Todas ellas se parecían en algún sentido. Se repetían los mismos escenarios y las mismas situaciones. El primer acto consistía invariablemente en mostrar las imágenes de una gigantesca manifestación. Es difícil describir la magnitud de aquel tipo de acontecimiento: una anchísima y agitada marea humana, que no tiene fin y que fluye por la calle principal desde la madrugada hasta la noche. Un diluvio, un auténtico diluvio, cuya virulencia no tardará nada en absorberlo e inundarlo todo. Un bosque de puños rítmicamente alzados, un bosque amenazador y temible. Multitudes que cantan, multitudes que gritan: ¡Muerte al sha! Son pocos los primeros planos, pocos los retratos. Los cámaras están fascinados por esos aluviones de gente que avanza, absortos ante la magnitud de un fenómeno que ven como verían el monte Everest si se encontrasen al pie de él. A lo largo de los últimos meses de la revolución, manifestaciones semejantes, de miles y miles de personas, recorrieron las calles de todas las ciudades. Multitudes indefensas, su fuerza radicaba en su número y en su tremenda determinación y firmeza. Todo el mundo salió a la calle: fue algo extraordinario. El que todos los habitantes de ciudades enteras abandonasen sus casa al mismo tiempo fue un fenómeno típico de la revolución iraní.

El segundo acto es el más dramático. Los cámaras colocan sus útiles de trabajo en los tejados de las casas. Filmarán desde arriba, a vista de pájaro, la escena que aún no ha empezado. Primero nos muestran lo que ocurre en la calle. Aquí vemos dos tanques y dos carros blindados. Soldados con cascos y en uniforme de campaña se han apostado ya en la calzada y sobre las aceras, listos para disparar. Están en actitud de espera. Ahora las cámaras muestran una manifestación que se va aproximando. Al principio apenas si se la distingue al fondo de la calle, pero al cabo de un rato la veremos con nitidez. Así es, ya aparecen las primeras filas. Marchan los hombres, pero tampoco faltan mujeres con niños. Visten de blanco. Ir vestido de blanco significa estar preparado para la muerte. Los cámaras enfocan sus rostros, aún vivos. Sus ojos. Los niños, ya cansados, se muestran tranquilos, curiosos por lo que va a ocurrir. Es una multitud que avanza directamente hacia los tanques sin aminorar la marcha, sin detenerse, una multitud hipnotizada, ¿hechizada?, ¿sonámbula?, como si no viese nada, como si se moviese por una tierra desértica, una multitud que ya ha empezado a entrar en el cielo. En ese momento la imagen se vuelve borrosa, pues tiemblan las manos de los cámaras; en los altavoces se oye un estruendo, los ecos de un tiroteo, el silbido de las balas y gritos desgarradores que se funden en uno solo. Un primer plano de soldados cambiando los cargadores. Un primer plano de la torreta de un tanque abriendo fuego a diestro y siniestro. Un primer plano, éste cómico, de un oficial al que se le ha deslizado el casco y le tapa los ojos. Otro primer plano de la calzada y luego un vuelo violento de la cámara por la fachada de la casa de enfrente, por el tejado, por la chimenea, un espacio claro, después los contornos de una nube, unos fotogramas en blanco y la oscuridad. En la pantalla aparece una nota informando de que se trata de las últimas imágenes filmadas por este cámara. Otros colegas suyos le sobrevivieron para recuperar y salvaguardar su testimonio.

El tercer acto presenta escenas propias de un campo de batalla. Cuerpos sin vida, algún herido arrastrándose hacia un portal, ambulancias circulando a toda velocidad, gente que corre sin orden ni concierto, una mujer que grita alzando los brazos, un hombre macizo, bañado en sudor, que intenta levantar el cuerpo de alguien. La multitud ha retrocedido; dispersa y caótica, desaparece por la callejuelas

149

adyacentes. Un helicóptero pasa por encima de los tejados en vuelo rasante. Unas pocas calles más allá se ha reanudado enseguida el tráfico habitual, la vida cotidiana de la ciudad.

También recuerdo la siguiente escena: avanza una manifestación. Cuando pasa frente a un hospital, la multitud guarda silencio. Se trata de no alterar la paz y la tranquilidad de los enfermos. U otra imagen: cierran la manifestación unos muchachos que recogen en unos cestos los desperdicios que van quedando. El camino recorrido tiene que quedar limpio. Un fragmento de película: unos colegiales de regreso a casa. El ruido de un tiroteo llega a sus oídos. Corren directamente hacia las balas, hacia el lugar en que el ejército dispara contra los manifestantes. Una vez allí, arrancan hojas de sus cuadernos y las empapan en la sangre que mancha las aceras. Luego recorren las calles agitando aquellas hojas en el aire. Es una señal de advertencia para los transeúntes: ¡tened cuidado, allí se dispara! Una película hecha en Isfahán se repite varias veces: una manifestación atraviesa una gran plaza; se ve un mar de cabezas. De repente, el ejército abre fuego desde todos lados. La multitud se dispersa intentando escapar; gran tumulto, gritos, carreras caóticas en todos sentidos; al final la plaza se queda vacía. Y entonces, en el momento en el que desaparecen los últimos que huyen y queda al descubierto la superficie desnuda de la enorme plaza, vemos que en medio de ella ha quedado un hombre inválido sentado en una silla de ruedas, pues le faltan ambas piernas. También quiere escapar pero se le ha atascado una rueda (la cámara no muestra por qué). Desesperado, empuja la silla con las manos mientras las balas cortan el aire a su alrededor. Así que por reflejo esconde la cabeza entre los hombros pero no consigue alejarse; sólo girar sobre el mismo punto. El cuadro resulta tan estremecedor que los soldados dejan de disparar por unos instantes como si estuviesen esperando una orden especial. Se ha hecho silencio. Vemos un plano panorámico y vacío. Únicamente al fondo, casi imperceptible, se mueve una sombra inclinada, que, desde esa distancia, más parece un insecto herido muriendo que un hombre solo que lucha todavía por salir de la red que lo ha atrapado y que se está cerrando irremisiblemente sobre él. La escena no dura mucho. Vuelven a oírse unos disparos que tienen ya un único objetivo, inmóvil definitivamente al cabo de unos instantes y que permanecerá (según el relato del comentarista del film) en medio de la plaza durante una o dos horas como una estatua.

Los cámaras abusan de las tomas generales. De esta manera pierden de vista los detalles. Y, sin embargo, todo se puede mostrar a través de ellos. Dentro de una gota hay un universo entero. Lo particular nos dice más que lo general; nos resulta más asequible. Echo en falta los primeros planos de las personas que forman las manifestaciones. Echo en falta sus conversaciones. Ese hombre que camina junto a tantos... ¡cuánta esperanza en él! Camina porque espera algo. Camina porque cree que solucionará algún asunto o, tal vez, varios. Está seguro de poder mejorar su destino. Y, mientras camina, piensa: si ganamos, nadie nos volverá a tratar como a perros. Piensa en los zapatos. Comprará buenos zapatos para toda la familia. Piensa en una casa. Si ganamos, viviré como un ser humano. Un mundo nuevo: él, un hombre común y corriente conocerá personalmente a un ministro y éste se lo arreglará todo. Pero ¡al diablo con los ministros! ¡Nosotros mismos crearemos nuestros comités y tomaremos el poder! También desfilan por su mente ideas y proyectos que no se han perfilado todavía, que no están claros aún, pero que son buenos; todos le dan aliento, porque tienen la más importante de las características: todos se cumplirán. Se siente excitado, siente cómo crece su fuerza pues, al caminar, participa; por primera vez es dueño de su destino, por primera vez toma parte, influye sobre algo, decide, *es*.

Un día tuve la ocasión de ver cómo se formaba una manifestación. Un hombre iba cantando por la calle que lleva al aeropuerto. Entonaba un canto dedicado a Alá, ¡Alá Akbar! Tenía una hermosa voz, fuerte y de un timbre magnífico y sugerente. Al andar no prestaba atención a nada ni a nadie. Lo seguí porque quería escuchar su canto. Al cabo de un rato se nos agregó un pequeño grupo de niños que

151

jugaban en la calle. También ellos empezaron a cantar. Luego se les unió un grupo de hombres y, más tarde –tímidas y congregándose a un lado–, varias mujeres. Cuando ya eran unas cien las personas que iban cantando, la multitud empezó a crecer muy deprisa, prácticamente en progresión geométrica. Las multitudes arrastran multitudes, como observó Canetti. A las gentes de aquí les gusta formar parte de una multitud, pues ésta las fortalece, hace que aumente su valor. Se expresan por medio de ella, tal vez la buscan porque en su interior pueden desprenderse de algo que les resulta molesto pero que llevan dentro cuando están solas.

En la misma calle (antes llevaba el nombre del sha Reza, ahora se llama Engelob) tiene su negocio de especias y frutos secos un armenio viejo. Como el interior de la tienda, ya de por sí pequeña, está repleto de trastos, el comerciante expone su mercancía en la calle, sobre la acera. Hay allí sacos, cestos y botes de uvas pasas, almendras, dátiles, cacahuetes, aceitunas, jengibre, granadas, endrinas, pimienta, mijo y decenas de otras exquisiteces de las que ni conozco el nombre ni sé para qué sirven. A cierta distancia, todo esto, que tiene como fondo el adobe gris y maltrecho de las casas, parece una paleta radiante de colores o una composición pictórica hecha con gusto y fantasía. Además, el comerciante cambia cada dos por tres la disposición de los colores; algunas veces los pardos dátiles tienen por vecinos a los pálidos pistachos y a las aceitunas verdes; otras, las blancas almendras de formas perfectas ocupan el lugar de los dátiles carnosos y en el sitio donde antes se veía el mijo dorado brillan, rojos, montoncitos de vainas de pimientos. Frecuento el lugar no sólo para admirar la composición colorista. El aspecto que cada día ofrece esta exposición es para mí, además, una fuente de información sobre lo que ocurrirá en el campo de la política. Pues la calle Engelob es el bulevar de los manifestantes. Si por la mañana no se exhibe en la acera el género, eso significa que el armenio se ha preparado para un día «caliente»: habrá manifestación. Ha preferido guardar sus especias y sus frutas para que no las pise la multitud que por allí pasará. En tal caso tengo que ponerme a trabajar: enterarme de quién irá en la manifestación y qué se va a reivindicar. En cambio, si al pasar por la calle Engelob diviso desde lejos que la paleta del armenio reluce con todos sus colores, sé que el día será normal, tranquilo, sin grandes acontecimientos, y que puedo ir a tomar un vaso de whisky en casa de León sin ningún remordimiento de conciencia.

Continuación del paseo por la calle Engelob. Hay aquí una panadería donde se puede comprar un pan recién hecho, todavía caliente. El pan iraní tiene forma de torta grande y plana. El horno en el que se cuecen estas tortas no es sino un pozo de tres metros de profundidad, cavado en la tierra y con las paredes recubiertas de arcilla. Abajo arde el fuego. Si una mujer engaña a su marido, se la arroja a uno de estos pozos en llamas. En la panadería trabaja Razak Naderi; tiene doce años. Alguien debería hacer una película dedicada a Razak. Al cumplir los nueve años, el muchacho vino a Teherán en busca de trabajo. En el pueblo, cerca de Zanyan (a mil kilómetros de la capital), dejó a su madre, dos hermanas y tres hermanos, todos ellos pequeños. Desde aquel momento era su deber mantener a la familia. Cada día se levanta a las cuatro de la madrugada y va a arrodillarse ante la boca del horno, que expulsa llamaradas de un calor abrasador. Allí, sirviéndose de un largo palo, pega las tortas al barro de las paredes y las vigila para sacarlas a tiempo. De esta manera trabaja hasta las nueve de la noche. El dinero que gana lo envía a su madre. Su fortuna: una bolsa de viaje y una manta que lo cobija por las noches. Razak cambia continuamente de empleo y a menudo sufre paro. Sabe, no obstante, que no puede culpar a nadie de ello. Simplemente, transcurridos tres o cuatro meses, empieza a sentir una gran añoranza por su madre. Durante algún tiempo lucha contra este sentimiento pero, finalmente, coge el autobús y se va al pueblo. Le gustaría estar con su madre cuanto más tiempo mejor, pero no se lo puede permitir; tiene que trabajar; él es el único sustento de la familia. Así que regresa a Teherán, pero en el puesto que antes ocupara ya trabaja otro. Razak no tiene otra opción que la de dirigirse hacia la plaza de Gomruk, lugar donde se reúnen los parados. Es un mercado de mano de obra barata; los que allí acuden se venden por ínfimos

153

precios. Y sin embargo Razak tiene que esperar una o dos semanas hasta que alguien lo alquile para algún trabajo. Lleva días enteros de pie en la plaza, a merced de la lluvia, pasando frío y hambre. Pero al final encontrará a algún hombre que se fije en él. Razak es feliz: trabaja de nuevo. Pero la alegría no dura mucho; no tarda en añorar su casa, así que vuelve a irse para ver a su madre y, al cabo de poco tiempo, una vez más volverá a aparecer en la plaza. Al lado mismo de Razak existe un vasto mundo, el mundo del sha, de la revolución, de Jomeini y de los rehenes. Todos hablan de él. Y, sin embargo, el mundo de Razak es más grande. Tanto que Razak se pierde en él y no sabe encontrar la salida al exterior.

La calle Engelob en otoño y en invierno de 1978. Por ella pasan, incesantes, grandes manifestaciones de protesta. Lo mismo ocurre en las demás ciudades de importancia. La rebelión se ha extendido por todo el país. Comienzan las huelgas. Todo el mundo se suma a ellas; la industria y el transporte se paralizan. A pesar de decenas de miles de víctimas, la presión popular aumenta. Pero el sha sigue en el trono; palacio no cede.

Toda revolución consiste en un combate entre dos fuerzas: estructura y movimiento. El movimiento ataca a la estructura, lucha por destruirla, mientras la estructura, al defenderse, pugna por aplastar al movimiento. Las dos fuerzas, igualmente poderosas, tienen características distintas. La espontaneidad, la expansión tremendamente dinámica y la corta duración son las cualidades del movimiento. En cambio, la estructura se caracteriza por su inercia, por su resistencia y por una asombrosa capacidad para sobrevivir casi instintiva. Es relativamente fácil crearla; por el contrario, destruirla resulta sumamente difícil. La estructura puede vivir mucho más que las razones que habían justificado su creación. Se han formado muchos estados débiles, a menudo ficticios. Pero un Estado no deja de ser una estructura constituida y por lo mismo ninguno de ellos será borrado del mapa. Parece como si existiera un mundo de estructuras que se apoyasen mutuamente. Si una de ellas se ve amenazada, las demás acudirán prestas en su ayuda. Otro rasgo característico es su elasticidad, tan aliada con la supervivencia. Atacadas y presionadas, son capaces de encogerse, de esconder el vientre mientras esperan el momento de poder volver a expandirse, y es curioso observar que la siguiente expansión se realiza en el mismo sitio en el que se efectuó la oclusión. En una palabra, cualquier estructura pretende volver al estatus anterior, que considera el óptimo, el ideal. En ello se refleja asimismo su inercia. La estructura sólo es capaz de actuar según el código único con el que ha sido programada. Si el programa sufre algún cambio, no se inmutará, no reaccionará: esperará el programa anterior. Pero también sabe comportarse como un tentetieso. Parece que ya ha caído y, sin embargo, no tarda en volver a ponerse en pie. El movimiento, que no conoce estas cualidades de la estructura, gasta muchísimo tiempo en intentar derrumbarla; luego se debilita y, al final, fracasa.

El teatro del sha: El sha fue un director teatral; quería crear una compañía del máximo nivel internacional. Le gustaba el público; también quería gustar. No obstante, le faltó comprender qué era el arte, la sabiduría y la imaginación de un director; pensó que bastaba con tener un título y mucho dinero. Tenía a su disposición un escenario enorme en el que podía desarrollarse la acción en muchos lugares al mismo tiempo. En este escenario había decidido montar la obra titulada *La Gran Civilización*. Pagó cantidades desorbitadas para traer del extranjero los decorados, que no eran otros que todo tipo de instrumentos, máquinas, aparatos y montañas enteras de cemento, de cables y de productos sintéticos. Una gran parte del decorado la constituían adornos de guerra: tanques, aviones, cohetes. El sha se paseaba por el escenario contento y orgulloso. Escuchaba elogiosas palabras de reconocimiento que salían de innumerables altavoces, colocados unos junto a otros. Los focos iluminaban suavemente el decorado para instantes después concentrar sus haces sobre la figura del sha, el cual permanecía quieto o se movía en medio del resplandor. Era teatro de un solo actor con la actuación y bajo la dirección del sha. Los demás, meras comparsas. En el piso más alto

155

del escenario se movían generales, ministros, damas distinguidas, lacayos: la gran corte. Seguían los pisos intermedios. Abajo del todo se apiñaban los extras de ínfima categoría, que eran los más. Atraídos por la esperanza de obtener grandes sueldos –el sha les había prometido montañas de oro–, llegaban a las ciudades desde sus pueblos misérrimos. El sha permanecía todo el tiempo en escena vigilando la acción y dirigiendo los papeles de los extras. Bastaba un gesto para que los generales se irguieran, los ministros le besaran la mano y las damas se inclinaran en grandes reverencias. Cuando bajaba a los pisos inferiores, un levísimo movimiento de su cabeza era suficiente para que corriesen a él los funcionarios en espera de premios y ascensos. En la planta baja aparecía muy pocas veces y nunca por más de un momento. Perdidos y desorientados, aplastados por la gran urbe, los extras que allí se agolpaban se comportaban del modo más apático. Eran los engañados y explotados. Se sentían extraños en medio de un decorado desconocido, en medio de un mundo hostil y agresivo, que ahora los rodeaba. La mezquita era su único punto de referencia en aquel paisaje nuevo porque también la había en su pueblecito. Así que no dejaban de acudir a ella con frecuencia. El mulá era el único personaje de la ciudad en quien confiar, pues también lo habían conocido en el pueblo. En el campo el mulá es la autoridad suprema: falla en los pleitos, distribuye el agua, está con uno desde que nace hasta que muere. De modo que aquí también acudían a los mulás, escuchaban su voz, que era la voz de su niñez, de su tierra perdida.

La acción de la pieza dramática se desarrolla en varias plantas al mismo tiempo; ocurren muchas cosas en el escenario. Los decorados empiezan a moverse y brillar, giran las ruedas, las chimeneas despiden humo, los tanques corren de un lado para otro, los ministros besan al sha, los funcionarios corren tras la prima, los policías fruncen el entrecejo, los mulás no paran de hablar, los extras trabajan en silencio. La turbamulta y el movimiento aumentan. El sha camina; una vez hará una señal con la mano; otra, indicará algo con el dedo. Siempre aparece bañado por la luz de los focos. Sin embargo, al cabo de poco tiempo el teatro es escenario de una gran confusión; como si todo el mundo se hubiera olvidado del papel que debía desempeñar. Así es: tiran el guión al cubo de la basura y crean sus propios papeles. ¡Una rebelión en escena! El espectáculo cambia de faceta convirtiéndose en una función violenta, feroz. Los extras de la planta baja, desilusionados hace tiempo, mal pagados y despreciados, se lanzan al ataque: empiezan a invadir los pisos superiores. Los de las plantas intermedias también se rebelan: se unen a los de abajo. Aparecen en el escenario las negras banderas de los chiíes y en los altavoces se oye el canto de combate de los rebeldes, ¡Alá Akbar! Los tanques van de un lado para otro, disparan los policías. Desde el alminar llega el grito prolongado del almuédano. En el piso superior se ha armado un alboroto impresionante. Los ministros meten el dinero en sacos y huyen, las damas recogen a toda prisa sus joyeros y desaparecen, los lacayos, desorientados, corren confusos en todas direcciones. Vestidos con sus cazadoras verdes aparecen los fedayines y los muyahidines. Ya tienen armas: han asaltado los arsenales. Los soldados, que hasta ese momento siempre han disparado contra la multitud, ahora se hermanan con el pueblo y colocan claveles rojos en los cañones de sus fusiles. El escenario se ha llenado de caramelos. La alegría generalizada hace que los comerciantes lancen miles de caramelos por encima de las cabezas de las multitudes. Aunque es mediodía todos los coches tienen los faros encendidos. Una gran multitud se ha congregado en el cementerio. Todo el mundo ha acudido para llorar la muerte de los desaparecidos. Habla la madre de un joven soldado que se ha suicidado para no tener que disparar sobre sus hermanos manifestantes. Habla el anciano ayatolá Teleghani. Se apagan, una a una, las luces de los focos. En la escena final desciende desde el piso superior hasta la planta baja –ya del todo abandonado– el Trono del Pavo Real: el trono de los shas, incrustado con miles de piedras preciosas. Un deslumbrante brillo multicolor lo rodea. En él destaca una extrañísima figura de gran tamaño, que rebosa esplendor y majestad. También ella despide rayos de luz penetrante y cegadora. Conectados a los pies y a las manos, a la cabeza y al tronco, lleva una serie de cables, alambres e hilos. Al ver la figura nos ha invadido un sentimiento de terror, nos ha dado miedo y por un reflejo condicionado hemos querido caer de rodillas. Pero en ese mismo instante ha aparecido en el escenario un grupo de técnicos electricistas que han desconectado los cables y cortado los alambres uno tras otro. El resplandor que emanaba de la figura se extingue poco a poco y ella misma se vuelve cada vez más pequeña y más normal. Cuando, por fin, los electricistas se apartan del trono, se levanta de él un señor delgado de mediana edad, nada extraordinario; un señor de los que podemos encontrar en el cine o en el café, o en la cola, y que ahora se sacude las motas de polvo de su traje, se ajusta la corbata y sale del escenario para dirigirse al aeropuerto.

El sha creó un sistema que era sólo capaz de defenderse y totalmente incapaz de satisfacer las necesidades del pueblo. Ésta fue su mayor debilidad y la auténtica causa de su fracaso final. La base psicológica de semejante sistema no era otra que el desprecio que sentía el monarca por su propio pueblo y el convencimiento de que siempre se podía engañar a súbditos ignorantes prometiéndoles muchas cosas. Pero hay un proverbio iraní que dice: las promesas tienen valor sólo para quienes creen en ellas.

Jomeini volvió del exilio y antes de dirigirse a Qom se detuvo unos días en Teherán. Todo el mundo deseaba verlo, millones de personas querían estrecharle la mano. Grandes multitudes rodeaban el edificio de la escuela donde se alojaba. Todos se consideraban con derecho a un encuentro con el ayatolá. Al fin y al cabo habían luchado por su regreso y derramado por él su sangre. Reinaba un ambiente de euforia, de un enorme éxtasis. La gente paseaba de un lado para otro dándose palmaditas en el hombro como si quisieran decirse: ¿Ves? ¡Lo podemos todo!

¡Cuán escasos son tales momentos en la vida de un pueblo! Sin embargo, entonces ese convencimiento de la victoria parecía de lo más natural y justificado. La Gran Civilización del sha yacía en medio de sus escombros. ¿Qué había sido en realidad? Un injerto extraño, finalmente rechazado. Un intento de imponer cierto modelo de vida a una sociedad ligada a unas tradiciones y a un sistema de valores completamente distintos. Había sido algo forzado, una operación quirúrgica en la que se trataba más de que fuese un éxito en sí que de que el paciente siguiera con vida o, sobre todo, de que siguiera siendo persona.

El rechazo de un injerto: ¡cuán implacable resulta este proceso una vez iniciado! Basta con que una determinada sociedad se convenza de que la forma de existencia que se le ha impuesto le trae más mal que bien. No tardará en manifestar su malestar, primero de un modo oculto y pasivo; después de una manera cada vez más abierta e inexorable. Y no se quedará tranquila mientras no consiga limpiar su organismo de aquel cuerpo extraño que le había sido implantado a la fuerza. Se mostrará sorda a toda persuasión y ante cualquier argumento. Se volverá febril e incapaz de reflexionar. No olvidemos que, al fin y al cabo, la Gran Civilización se basaba en hermosos ideales y albergaba no pocas buenas intenciones. Sin embargo, el pueblo las veía sólo como una caricatura, es decir, tal y como se traducía en la práctica el mundo de tales ideas. Y por eso incluso las ideas más nobles se habían vuelto sospechosas.

¿Y luego? ¿Qué pasó luego? ¿Qué debo escribir ahora? ¿Sobre cómo termina una vivencia intensísima? Es un tema triste. Porque una rebelión es una gran vivencia, una aventura del espíritu. Fijaos en las gentes cuando participan en una rebelión. Se muestran animadas, excitadas, capaces de sacrificarse. En tales momentos viven en un mundo monotemático, limitado a un único anhelo: conseguir el objetivo ansiado. Todo será supeditado a ese fin, cualquier inconveniente resulta fácil de soportar, ningún sacrificio es demasiado grande. La rebelión nos libera de nuestro propio yo, de nuestro yo de cada día, que ahora se nos antoja pequeño, desdibujado y extraño. Asombrados, descubrimos en nuestro interior cantidades ignoradas de energía, nos vemos capaces de comportarnos de una manera tan noble que nos quedamos boquiabiertos de admiración ante nosotros mismos. Y ¡cuánto orgullo no sentimos por habernos elevado tan alto! ¡Cuánta satisfacción por haber dado tanto de nosotros! Pero llega el momento en que tal estado se extingue y todo se acaba. Todavía repetimos gestos y palabras por reflejo, por costumbre; todavía queremos que todo sea como lo fue ayer, pero ya sabemos –y este descubrimiento nos llena de terror– que el ayer no volverá a repetirse. Miramos a nuestro alrededor y hacemos un nuevo descubrimiento: los que estuvieron con nosotros también han cambiado; algo se ha apagado en ellos, el fuego se ha consumido. De repente se rompe lo que nos une, cada uno vuelve a su yo de cada día, que al principio nos molesta como un traje mal hecho, pero sabemos que ese traje es nuestro y que no tendremos otro. Nos miramos a los ojos de mala gana, evitamos hablarnos: hemos dejado de necesitarnos los unos a los otros.

Esta caída en picado de la temperatura, este cambio de clima, forma parte de las experiencias más penosas, más abrumadoras. Empieza un día en el que algo debería ocurrir. Y no ocurre nada. Nadie nos llama, nadie nos espera; no se nos necesita. Empezamos a notar un gran cansancio, poco a poco la apatía se apodera de nosotros. Nos decidimos: tengo que descansar, tengo que centrarme, recuperar fuerzas. Sentimos la necesidad de respirar aire fresco. También la de hacer algo muy trivial, algo cotidiano: limpiar la casa o arreglar una ventana estropeada. Todo este afán no es otra cosa sino las defensas que ponemos en marcha para evitar la depresión inminente. Así que hacemos acopio de energía y arreglamos la ventana. Pero a pesar de ello no experimentamos el bienestar deseado ni tampoco sentimos alegría, porque nos molestan las brasas apagadas que llevamos dentro.

Yo también fui presa de ese ambiente. Es el ambiente que se crea entre nosotros cuando permanecemos sentados alrededor de un fuego que se está apagando. Andaba por un Teherán del que iban desapareciendo los vestigios de lo experimentado el día anterior. Habían desaparecido como por arte de magia; parecía como si nada hubiese sucedido. Unos cuantos cines quemados, varios bancos destruidos: símbolos ambos de influencias extranjeras. La revolución presta una gran atención a los símbolos, destruye monumentos para levantar en su lugar los suyos; así, de esta manera un tanto metafórica, quiere permanecer. Pero ¿qué le ha pasado a la gente? Pues que se ha vuelto a convertir en transeúntes comunes y corrientes insertos en el paisaje aburrido de la ciudad gris. Los que no se dirigen hacia ninguna parte se paran junto a las estufas dispuestas en la calle para calentarse las manos. De nuevo se muestran cerrados y nada comunicativos; ya caminan solos, por separado, entregado cada uno a sí mismo. Tal vez esperan aún que algo ocurra, que, quizás, ocurra algo extraordinario. No lo sé, no me atrevería a afirmarlo.

Muy pronto todo aquello que constituye la parte externa, la parte visible de una revolución, desaparece. El hombre, en cuanto individuo, dispone de miles de medios con los que expresar sus sentimientos y sus ideas. Es una riqueza inagotable, todo un mundo en que continuamente descubrimos algo. En cambio, la multitud reduce la personalidad individual; en su seno el hombre limita su comportamiento a unas pocas pautas, las más elementales. Las formas con las que la multitud expresa sus aspiraciones, aparte de ser muy escasas, siempre se repiten: una manifestación, una huelga, un mitin, unas barricadas. Por eso se pueden escribir novelas sobre una persona pero nunca sobre una multitud. Cuando la multitud se dispersa, todos regresan a sus casas y no vuelven a reunirse, decimos que la revolución ha terminado.

En aquellos días me dediqué a visitar las sedes de los comités. Así se llamaban los órganos del nuevo poder. En habitaciones pequeñas y sucias, hombres con barba crecida se sentaban tras sus mesas. Veía sus rostros por primera vez. Dirigiéndome a estos lugares llevaba apuntados en la memoria los nombres de las personas que durante la dictadura del sha habían actuado en el marco de la oposición o habían permanecido al margen del poder. Precisamente ellos, razonaba según la lógica, deberían gobernar ahora. Pregunté repetidas veces dónde los podría encontrar. La gente de los comités no lo sabía. De todas formas allí no estaban. Toda aquella configuración que tanto tiempo durara y en la que el uno ostentaba el poder, el otro estaba en la oposición, el tercero hacía su agosto y el cuarto lo criticaba todo, todo aquel complicado montaje que había existido a lo largo de tantos años había sido barrido de la superficie por la revolución cual castillo de naipes. Para aquellos mocetones barbudos que apenas si sabían leer y escribir no tenían ni las más mínima importancia todas las personas por las que les preguntaba. ¿Qué podía importarles que unos cuantos años atrás Hafez Farman hubiese criticado al sha, por lo que había perdido su trabajo, o que Kulsum Kitaba se hubiese portado como un canalla, gracias a lo cual había conseguido sus fines de trepador? Todo eso era el pasado; aquel mundo ya no existía. La revolución había elevado a los puestos del poder a gente completamente nueva, anónima hasta apenas ayer, de todos desconocida. Los barbudos de los comités pasaban días enteros sentados y discutiendo problemas. ¿Qué problemas? Se planteaban qué hacer. Sí, pues un comité debía hacer algo. Tomaban la palabra por turno. Cada uno quería expresar sus ideas, quería hablar en público. Se notaba que el hecho de poder intervenir revestía para ellos singular importancia, que el momento era de mucho peso. Así todos podrían decir más tarde a sus vecinos: «He tenido una intervención.» La gente podría preguntarse una a otra: «¿Has oído algo sobre su intervención?» Cuando pasaba por la calle, otros podían pararle para decir respetuosamente: «¡Has tenido una intervención muy interesante!» Poco a poco empezó a formarse una jerarquía informal: ocupaban la cúspide aquellos que en cualquier circunstancia habrían pronunciado buenos discursos; en cambio, abajo se congregaban los introvertidos, la gente con algún defecto de pronunciación, un sinfín de los que no habían conseguido dominar su timidez, y, finalmente, aquellos que consideraban que las discusiones interminables carecían de sentido. Al día siguiente volvían a discutir como si el día anterior allí no hubiese ocurrido nada, como si tuviesen que empezarlo todo de nuevo.

La de Irán era la vigésima séptima revolución que veía en el Tercer Mundo. En medio del humo y del estruendo cambiaban los soberanos, caían los gobiernos, gente nueva se sentaba en los sillones abandonados. Sin embargo había una cosa que no variaba, que era indestructible o incluso —miedo me da decirlo— eterna: el desamparo. ¡Cuánto me recordaban las sedes de los comités iraníes lo que había visto en Bolivia y en Mozambique, en Sudán y en Benín! «¿Qué hacer? ¿Tú sabes que hacer?» «¿Yo? No sé. Tal vez tú lo sepas.» «¿Yo? Yo me lanzaría por todo. Pero ¿cómo?» «¿Cómo lanzarse por todo? Sí, ése es el problema.» Todo el mundo estará de acuerdo en que es un problema sobre el que vale la pena discutir. Salas sin ventilar llenas de humo. Intervenciones buenas y malas, algunas muy brillantes. Tras una buena intervención todo el mundo se muestra contento; al fin y al cabo, ha participado en algo que ha salido bien de verdad.

Todo empezó a intrigarme de tal manera que decidí sentarme en la sede de uno de aquellos comités (so pretexto de esperar a alguien que estaba ausente) y observar cuál era el proceso para arreglar algún asunto, por más insignificante que fuese. Al fin y al cabo, la vida consiste en arreglar asuntos, y el progreso, en que esto se haga deprisa y deje a todo el mundo satisfecho. No tardó en entrar una mujer para pedir un certificado. Precisamente el que debía atender participaba en una discusión. La mujer esperó. Aquí la gente tiene una increíble capacidad de espera; sabe convertirse en una piedra y permanecer inmóvil una eternidad. Al final apareció el hombre y empezaron a hablar. Cuando hablaba la mujer, él hacía preguntas; luego preguntaba ella y él hablaba. Empezó la búsqueda de un trozo de papel. Había diversas hojas sobre la mesa pero ninguna parecía la adecuada. El hombre desapareció: seguramente había ido a buscar papel, pero también podía haber salido para tomar un té en el bar de enfrente (hacía calor). La mujer esperaba en silencio. Volvió el hombre limpiándose la boca satisfecho (seguramente había tomado su té), pero también trajo papel. En aquel momento empezó la parte más dramática: la búsqueda de un lápiz. No lo había en ninguna parte: ni sobre la mesa, ni en el suelo, tampoco dentro de ningún cajón. Le presté mi estilo-

163

gráfica. Él sonrió y la mujer lanzó un suspiro de alivio. Entonces se sentó para escribir. En cuanto se puso a hacerlo, se dio cuenta de que no sabía con exactitud qué debía certificar. Empezaron a hablar; el hombre movía la cabeza. Al final el documento estuvo listo. Ahora debía firmarlo algún superior. Pero el superior no estaba. Estaba discutiendo en otro comité y no podía ponerse en contacto con él porque el teléfono no contestaba. A esperar. La mujer volvió a convertirse en una piedra, el hombre desapareció y yo fui a tomarme un té.

Más adelante este hombre aprenderá a escribir certificados y sabrá hacer muchas cosas más. Pero al cabo de unos años habrá un nuevo golpe, el hombre que ya conocemos se marchará y otro vendrá en su lugar y empezará a buscar papel y lápiz. La misma u otra mujer esperará convertida en una piedra. Alguien prestará su pluma estilográfica. El superior estará ocupado discutiendo. Todos ellos, como sus antecesores, volverán a moverse en el círculo encantado del desamparo. Y el círculo ¿quién lo creó? En Irán fue el sha. El sha pensaba que la ciudad y la industria eran la llave de la modernidad, pero esta idea resultó errónea. La llave de la modernidad estaba en el campo. El sha se extasiaba ante la visión de centrales nucleares, de cadenas de producción dirigidas por ordenadores y de la gran industria petroquímica. Pero en un país atrasado todas estas cosas no son más que un decorado que crea la ilusión de modernidad. En un país así la mayoría de la gente vive en el mísero campo y huye de él a la ciudad. Esta gente forma una fuerza joven y enérgica, que sabe muy poco (a menudo se trata de personas sin ninguna cualificación, de analfabetos) pero que tiene grandes ambiciones y está dispuesta a luchar por todo. En la ciudad topan con un entramado de fuerzas obsoleto, ligado de una manera u otra con el poder existente. Así que primero intentan orientarse en la situación, poco a poco empiezan a sentirse como en su casa, luego se apostan en los puntos estratégicos y, finalmente, se lanzan al ataque. Para la lucha se sirven de la ideología que han traído de su pueblo: por lo general es la religión. Y como constituyen una fuerza que de verdad quiere ascender y avanzar, a menudo ganan. Entonces el poder pasa a sus manos. Pero ¿qué hacer con él? Empiezan a discutir; entran en el círculo encantado del desamparo. El pueblo sigue viviendo como sea, pues vivir, tiene que vivir. Ellos, en cambio, viven cada vez mejor. Durante algún tiempo disfrutan de una plácida existencia. Sus sucesores aún recorren las estepas, llevan a pastar sus camellos y vigilan sus rebaños de ovejas. Pero al cabo de algún tiempo madurarán, irán a la ciudad y empezarán a luchar. ¿Qué es lo más importante en todo esto? Pues el que los nuevos aportan más ambición que conocimientos. Como resultado de cada golpe, el país vuelve en cierto sentido al punto de partida, comienza de cero, y eso es así porque la generación de los vencedores debe ponerse a aprender desde el principio todo aquello que a costa de arduo trabajo había aprendido la generación de los vencidos. ¿Significa eso que los vencidos habían sido hábiles y sabios? De ninguna manera. El origen de la generación anterior fue idéntico al de la que vino en su lugar. ¿Cómo se puede, pues, salir del círculo del desamparo? Únicamente a través del desarrollo del campo. A más atrasado el campo, más atrasado todo el país aunque en él existan cinco mil fábricas. Mientras un hijo instalado en la ciudad viaje a su aldea natal como si fuese a visitar un país exótico, no será moderno el pueblo al que pertenece.

En las discusiones que se desarrollaban en los comités y que giraban en torno al tema ¿qué hacer en lo sucesivo?, todo el mundo se mostraba de acuerdo en un punto: antes que nada, vengarse. Así que comenzaron las ejecuciones. Parecía que éstas gustaban de alguna forma a la gente. Las primeras planas de los periódicos publicaban fotografías de hombres con los ojos vendados y de muchachos apuntándoles. Estos sucesos se describían con todo lujo de detalles: lo que dijo el condenado antes de morir, cómo se había comportado, lo que había escrito en su última carta. Estas ejecuciones causaban en Europa gran indignación. Aquí, en cambio, pocos comprendían tal reacción. Para los iraníes, el principio de venganza es tan antiguo como antiguo es el mundo. Sus raíces se adentran en el pasado más remoto. Gobernaba un sha, luego le cortaban la cabeza; venía otro y también lo decapitaban. ¿De qué otra manera si no podía uno deshacerse del sha? Se sabía muy bien que no abandonaría el poder por voluntad propia. ¿Dejar con vida a un sha y a su gente? Enseguida se pondrían a organizar un ejército y a reconquistar la situación perdida. ¿Meterlos en la cárcel? Sobornarían a los carceleros y saldrían a la calle; enseguida empezaría la masacre de los que les habían vencido. En vista de semejante panorama, el asesinato se convierte en un reflejo condicionado elemental de supervivencia. Vivimos en un mundo donde el derecho se concibe no como un instrumento de defensa del hombre sino como un brazo ejecutor destinado a destruir al enemigo. Sí, suena cruel, pero es algo monstruosa y despiadadamente inexorable. El ayatollá Jaljalí nos explicaba –nos, es decir, a un grupo de periodistas– cómo, tras condenar a muerte al ex primer ministro Howeyda, de pronto había empezado a sospechar de la gente que formaba el pelotón de ejecución encargado de cumplir la sentencia. Temía que pudiesen soltarlo. Así que metió a Howeyda en su propio automóvil. Todo sucedía de noche; estaban sentados dentro del vehículo hablando, según nos afirmó, si bien no nos dijo de qué. ¿No tuvo miedo de que se escapara? No, no se le habría ocurrido semejante idea. El tiempo transcurría; Jaljalí se preguntaba a quién podría confiar la custodia de Howeyda. Buscaba unas manos de confianza, es decir, unas manos que con toda seguridad ejecutasen la sentencia. Finalmente se acordó de la gente de un comité de cerca del bazar. Llevó a Howeyda hasta aquel sitio y allí lo dejó.

Intento comprenderlos, pero cada dos por tres topo con un terreno oscuro en el que me pierdo. Tienen una idea muy distinta de lo que es la vida y la muerte. La vista de la sangre les hace reaccionar de otra manera. La sangre crea en ellos cierta tensión, una especie de fascinación que les conduce al trance místico. Veo sus gestos animados, escucho sus gritos. Frente a mi hotel se ha detenido el flamante coche nuevo del propietario del restaurante del al lado. Un hermoso Pontiac de color dorado recién salido del escaparate de un concesionario. Enseguida todo se ha puesto en movimiento; en el patio las gallinas chillan espantosamente mientras las degüellan. Con su sangre la gente primero se ha rociado a sí misma y luego ha manchado la carrocería del coche. Al cabo de un rato el Pontiac está rojo, chorreante de sangre. Aquello ha sido su bautizo. La gente corre hacia los lugares donde hay sangre para empapar de ella sus manos. No han sabido explicarme para qué lo necesitan.

Durante unas cuantas horas a la semana son capaces de mostrar una disciplina ejemplar. Ocurre cada viernes a la hora de la oración común. Por la mañana llega a la gran plaza el primer musulmán, el más devoto; desenrolla su pequeña alfombra y se arrodilla en uno de sus extremos. Tras él viene otro y coloca su alfombra al lado del primero (aunque toda la plaza siga vacía). Después aparece un nuevo fiel, a continuación, otro más. Pronto son mil y no tardarán en ser un millón los que desenrollan sus pequeñas alfombras y se arrodillan. Así –de rodillas– permanecen en fila recta, disciplinados, en silencio, con sus rostros vueltos hacia La Meca. A eso del mediodía el guía de la oración de los viernes empieza el ritual. Todos se levantan, se inclinan siete veces, se yerguen, inclinan el cuerpo hasta la altura de las caderas, caen de rodillas, vuelven a inclinar el cuerpo hasta que sus cabezas tocan el suelo, se sientan sobre sus pantorrillas, repiten el movimiento de cabeza. El ritmo perfecto y por nada interrumpido de un millón de cuerpos es una imagen difícil de describir y que, además, a mí personalmente se me antoja un tanto amenazadora. Por suerte, terminados los rezos, las filas enseguida empiezan a romperse, la plaza se llena del acostumbrado bullicio y se crea un desorden agradable, relajado y relajante.

No pasó mucho tiempo sin que empezasen las disputas en el seno de la revolución. Todo el mundo se había opuesto al sha y había querido eliminarlo, pero cada cual se imaginaba el futuro de manera distinta. Una parte de la gente creía que en su país se implantaría una democracia como la que habían conocido durante su estancia en Francia o Suiza. Pero precisamente ésos fueron los primeros en perder en la lucha que se desató al marcharse el sha. Se trataba de personas inteligentes y sabias pero débiles. Enseguida se

167

encontraron en una situación paradójica: no se podía imponer la democracia por la fuerza; una mayoría debía declararse a su favor y aquí la mayoría quería lo que exigía Jomeini, es decir, una república islámica. Tras la retirada de los liberales quedaron los partidarios de la república. Pero tampoco entre ellos tardó en desencadenarse la lucha. En ella la línea dura conservadora iba, poco a poco, tomando ventaja sobre la línea ilustrada y abierta. Yo conocía a gente de uno y otro bando y cada vez que pensaba en aquellos hacia los cuales se inclinaban mis simpatías, me invadía el pesimismo. Bani Sadr era el jefe de los ilustrados. Delgado, un poco cargado de hombros, siempre metido en una camisa polo, no paraba de andar de una lado para otro, de persuadir, de discutir con fervor. Tenía miles de ideas, muchas, hablaba demasiado, se perdía en interminables disquisiciones, escribía libros valiéndose de un lenguaje difícil y poco asequible. En este tipo de países, un intelectual metido a político siempre se encuentra fuera de lugar. A un intelectual le sobra la imaginación, es una persona que vive muchas inquietudes, que se da con la cabeza contra muchos muros. ¿De qué sirve un jefe que no sabe bien a qué carta quedarse? Beheshti (línea dura) nunca actuaba de esta manera. Reunía a su estado mayor y repartía instrucciones. Todos se lo agradecían porque sabían cómo actuar y qué hacer. Beheshti contaba con el apoyo del aparato chií, Bani Sadr, con el de sus amigos y partidarios. Los intelectuales, los estudiantes y los muyahidines constituían las bases de Bani Sadr. Las bases de Beheshti eran multitudes dispuestas a seguir cualquier señal de los mulás. Era evidente que Bani Sadr tenía que perder. Pero también a Beheshti le alcanzó la mano del Piadoso y Misericordioso.

En las calles aparecieron comandos de choque. Se trataba de grupos de gente joven y fuerte que portaban navajas en los bolsillos. Atacaban a los estudiantes; las ambulancias sacaban del recinto de la universidad a muchachas heridas. Empezaron las manifestaciones; la multitud agitaba los puños en gestos amenazadores. Pero esta vez ¿contra quién? Contra el hombre que escribía libros valiéndose de un lenguaje difícil y poco asequible. Millones de personas seguían sin trabajo, los campesinos continuaban viviendo en chozas misérrimas, pero ¿acaso era eso lo importante? La gente de Beheshti estaba ocupada en otra cosa: combatir la contrarrevolución. Sí, por fin sabía qué hacer, qué decir. ¿No tienes nada para comer? ¿No tienes dónde vivir? Te mostraremos al culpable de tus desgracias. Es el contrarrevolucionario. Destrúyelo y empezarás a vivir como un ser humano. Pero ¿qué contrarrevolucionario es ése? ¡Si ayer mismo juntos luchamos contra el sha! Eso era ayer, pero hoy él es tu enemigo. Al oír estas palabras, la multitud se lanza al ataque sin plantearse siquiera si se trata de un enemigo auténtico. Sin embargo, no se la puede culpar, pues esa gente de veras quiere vivir mejor y, aunque lo anhela desde hace tanto tiempo, no sabe, no alcanza a comprender qué cosas tan misteriosas rigen este mundo para que a pesar de tantos alzamientos, de tantos sacrificios y renuncias, esa vida mejor siga más allá de las montañas.

El pesimismo se había apoderado de mis amigos. Decían que el cataclismo estaba a punto de llegar. Como siempre, cada vez que se avecinaban tiempos difíciles, ellos, los intelectuales, perdían las fuerzas y la fe. Se movían en la más densa de las oscuridades; no sabían hacia dónde dirigirse. Se sentían llenos de temor y de frustración. Ellos, que en un pasado tan reciente no habían dejado de participar en tan siquiera una sola manifestación, ahora empezaban a tener miedo de la multitud. Mientras hablaba con ellos, yo pensaba en el sha. El sha recorría el mundo; algunas veces aparecía en los periódicos su rostro cada vez más demacrado. Hasta el final creyó que volvería a su país. No volvió. Pero dentro quedó mucho de lo que había hecho. La marcha del déspota no significa para ninguna dictadura su muerte definitiva. Porque hay una condición imprescindible para que se dé una dictadura: la ignorancia de la multitud, y por eso los dictadores siempre la cuidan mucho, la cultivan. Hacen falta varias generaciones para que esto cambie, para que brille la luz. Antes de que suceda tal cosa, a menudo los mismos que han depuesto al dictador actúan, aun sin querer y contra su propia voluntad, como sus herederos, continuando con su comportamiento y con su manera de pensar la época que ellos mismos han destruido. Lo hacen de un modo tan mecánico y tan subconsciente que si se lo reprochásemos estallarían en santa indignación. Ahora bien, ¿se podía culpar de todo al sha? El sha se había encontrado con una tradición, se había movido dentro de los límites de unas costumbres existentes a lo largo de cientos de años. Es muy difícil sobrepasar límites así, es muy difícil cambiar el pasado.

Cuando quiero levantar mi ánimo y pasar un rato agradable voy a la calle Ferdusi, donde el señor Ferdusi tiene un negocio de alfombras persas. El señor Ferdusi, que ya desde niño ha convivido con el arte y la belleza, contempla la realidad que lo rodea como quien mira una película de pocos vuelos en un cine barato y sucio.

–Todo es cuestión de buen gusto –me dice–; lo más importante, señor, es que hay que tener buen gusto. El mundo sería otro si hubiera más gente con algo de buen gusto. Todas las cosas horrorosas –así las llama– como la mentira, la traición, el robo, la denuncia, etc., tienen un denominador común: la gente que las hace no tiene ni pizca de buen gusto.

El señor Ferdusi cree que el pueblo lo superará todo y que la belleza es indestructible.

–Recuerde usted –me dice mientras desenrolla una más de sus alfombras (que sabe no voy a comprar pero que disfrutaré viéndola)– que lo que permitió a los persas seguir siendo persas durante dos mil quinientos años, lo que ha permitido que sigamos siendo nosotros mismos a pesar de tantas guerras, invasiones y ocupaciones, no ha sido nuestra fuerza material sino espiritual, nuestra poesía y no la técnica, nuestra religión y no las fábricas. ¿Qué le hemos dado al mundo nosotros? Le hemos dado la poesía, la miniatura y la alfombra. Ya ve usted, desde un punto de vista productivo, todas ellas son cosas inútiles. Pero justamente por medio de ellas nos expresamos a nosotros mismos. Nosotros hemos dado al mundo esa inutilidad tan maravillosa, tan irrepetible. Lo que le hemos dado no sirve para facilitarle la vida a nadie sino para adornársela, si es que, claro está, tiene sentido semejante distingo. Porque una alfombra, por ejemplo,

170

es algo vital para nosotros. Desenrolla usted su alfombra en un desierto quemado, espantoso, se echa sobre ella y le parece estar tumbado en el más verde de los prados. Sí, nuestras alfombras recuerdan prados floridos. Usted ve las flores, ve un jardín, un pequeño estanque y una fuente. Unos pavos reales se pasean por entre los arbustos. Y debe saber que una buena alfombra es una cosa muy duradera, una buena alfombra conservará su color durante siglos. De modo que, viviendo en un desierto desnudo y monótono, vive usted como en un jardín que es eterno, que no pierde ni el color ni la frescura. Y además, uno se puede imaginar que este jardín despide aromas, uno puede oír el murmullo de su arroyo y el canto de los pájaros. Y entonces usted se siente bien, se siente elegido, se encuentra usted cerca del cielo, es usted un poeta.

ÍNDICE